九州 鉄道の旅

カラー版
全路線ガイド

栗原隆司

海鳥社

まえがき　素晴らしき九州の鉄道たちよ、ありがとう

九州の鉄道には美しい四季《とき》を走るたくさんの旅情があります。毎日、いつものように、決まった時間に同じ所を同じように走り続けているのですが、車窓は常に変化し、刻々と表情を変え続けます。海を渡り、山を越えて、朝日をいっぱいに受けて、沈む太陽を追いかけて……。列車たちは走り続けています。日夜……。

２００４年３月の九州新幹線新八代－鹿児島中央間の開業により、南九州では大きく交通体系が変わりました。ニュー新幹線「つばめ」の高速走行の快適な旅を堪能しませんか。新しい観光列車や特急が投入されて、ローカル線の旅もまた魅力を増し、各地を巡る楽しみがさらに増えました。スローな鉄道の旅の演出者たちも出揃ったのです。

本書では、新しい仲間たちを加え、九州の鉄道のすべてを紹介しています。レールの上を走るＪＲ九州に私鉄、第三セクターに路面電車。モノレールからケーブルカー、ロープウェイにリフトまで。鉄道の仲間を網羅しました。これらの鉄道や路線のそれぞれに特徴があり、見所がいっぱいです。本を見ているだけではつまりません。新生第三セクター「肥薩おれんじ鉄道」が走る不知火海や東シナ海の美しい車窓も待っています。さあ、これからまた、新しい発見の旅に出かけましょう。

最後に、ご協力いただきましたたくさんの皆様、ありがとうございました。素晴らしき鉄道たちにも、ありがとう。

二〇〇五年三月　栗原隆司

扉写真　上・左：豊肥本線・あそBOY［立野－赤水］，右：日豊本線・にちりん［立石－中山香］
中・左：九州新幹線・つばめ［新水俣－出水］，右：筑豊本線［筑前内野－筑前山家］
下・左：肥薩線・くまがわ［一勝地－那良口］，右：南阿蘇鉄道・トロッコゆうすげ［立野－長陽］

目次

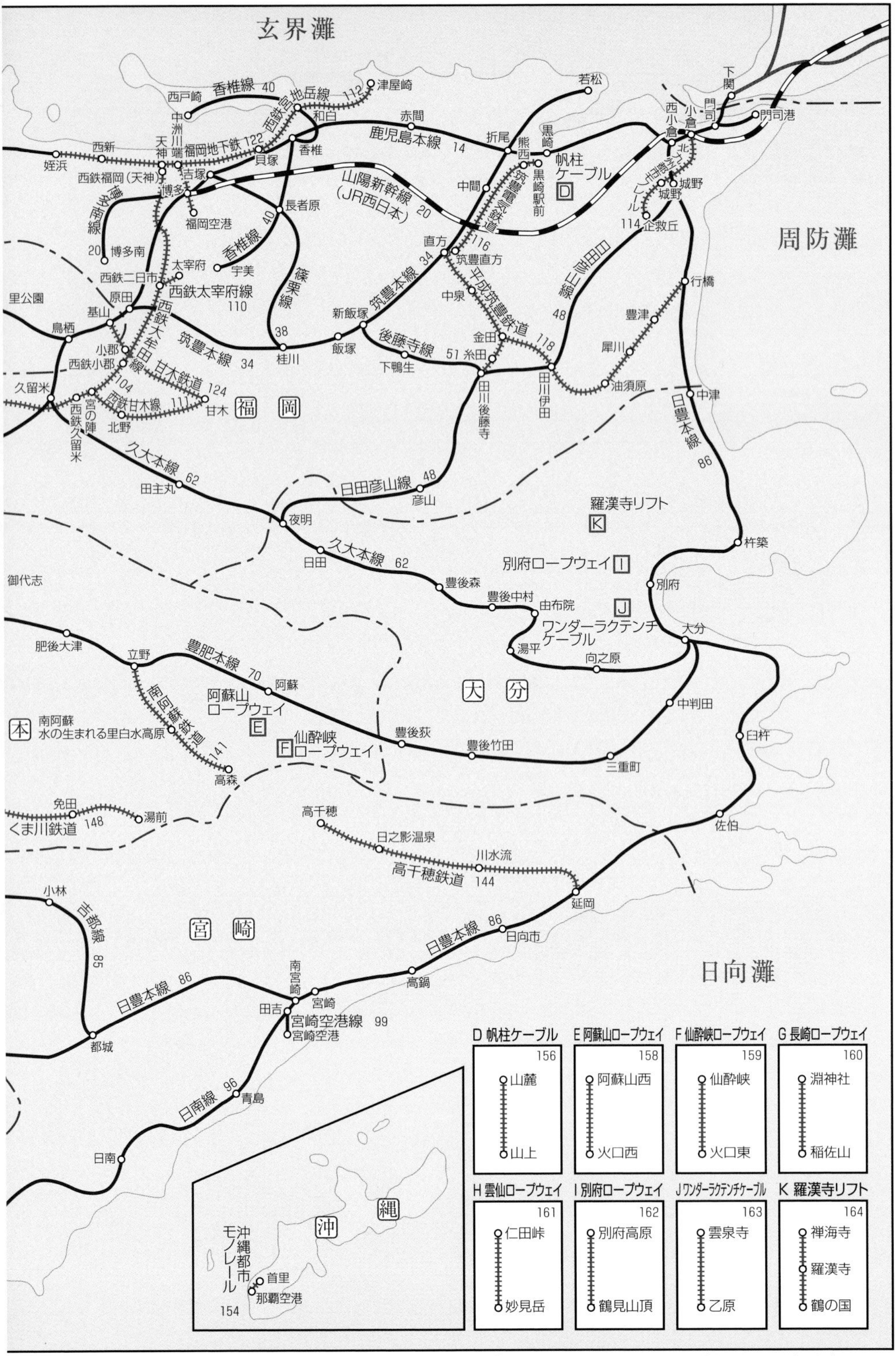

『JR時刻表』2005年3月号（交通新聞社）を参照した

索引図

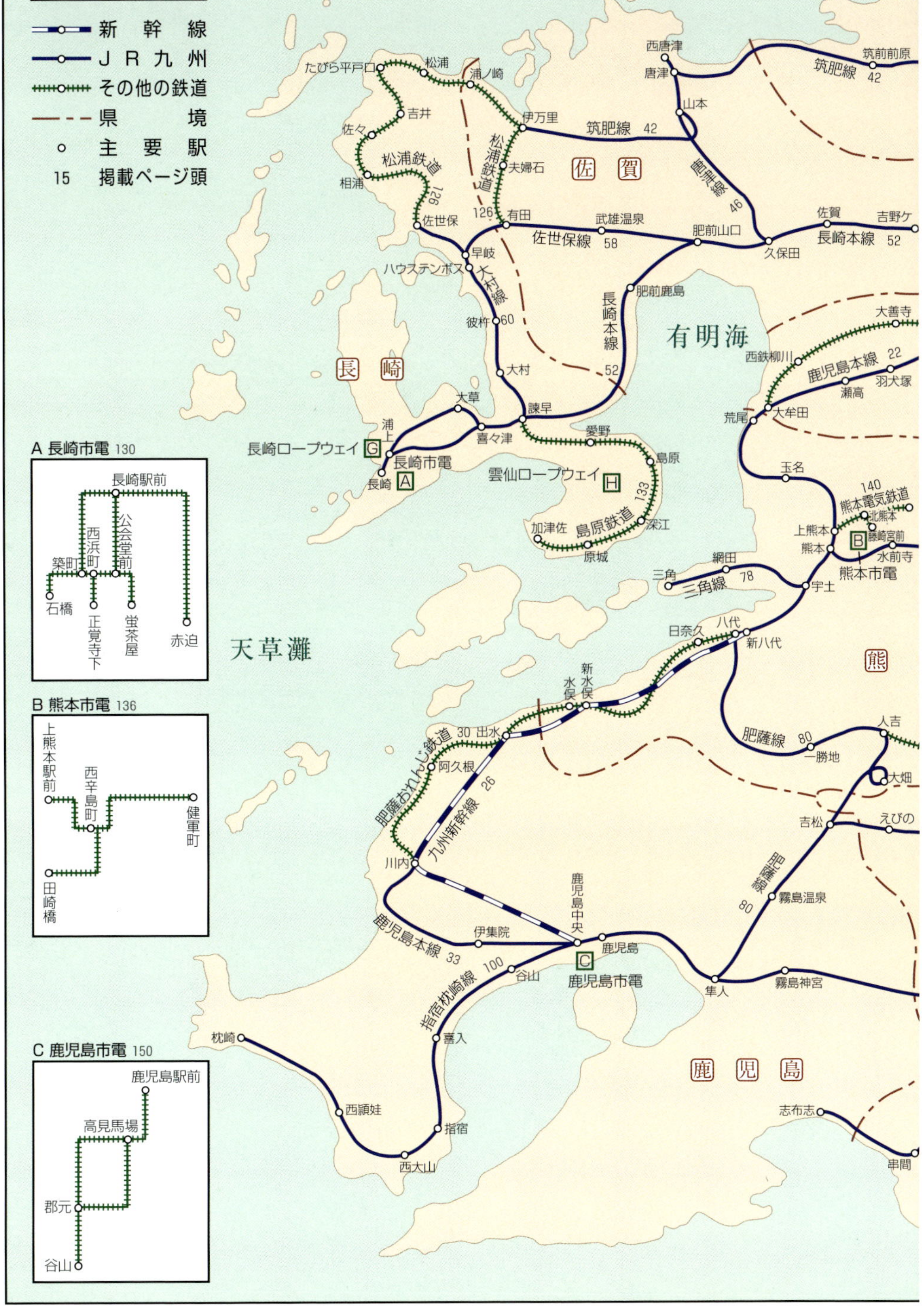

新幹線
JR九州
その他の鉄道
県境
主要駅
15 掲載ページ頭
A 長崎市電 130
長崎駅前
西浜町
公会堂前
築町
石橋
正覚寺下
蛍茶屋
赤迫
B 熊本市電 136
上熊本駅前
西辛島町
健軍町
田崎橋
C 鹿児島市電 150
鹿児島駅前
高見馬場
郡元
谷山
佐賀
長崎
熊
鹿児島
有明海
天草灘
西唐津
唐津
筑前前原
筑肥線 42
山本
伊万里
筑肥線 42
唐津線 46
たびら平戸口
松浦
浦ノ崎
吉井
佐々
松浦鉄道
相浦
126
夫婦石
松浦鉄道
126
有田
佐世保
武雄温泉
佐世保線 58
肥前山口
佐賀
吉野ケ
久保田
長崎本線 52
早岐
ハウステンボス
大村線
彼杵 60
肥前鹿島
長崎本線 52
大村
大草
諫早
浦上
喜々津
愛野
長崎ロープウェイ G
長崎市電 A
長崎
島原
雲仙ロープウェイ H
133
島原鉄道
加津佐
原城
深江
大善寺
西鉄柳川
鹿児島本線 22
羽犬塚
瀬高
荒尾
大牟田
玉名
140
熊本電気鉄道
北熊本
上熊本
藤崎宮前
熊本
B
水前寺
熊本市電
三角
網田
三角線 78
宇土
日奈久
八代
新八代
新水俣
水俣
出水
30
肥薩おれんじ鉄道
阿久根
九州新幹線 26
川内
肥薩線 80
人吉
一勝地
大畑
吉松
えびの
肥薩線 80
霧島温泉
鹿児島中央
伊集院
鹿児島
鹿児島本線 33
100
谷山
C
鹿児島市電
指宿枕崎線
隼人
霧島神宮
喜入
枕崎
西頴娃
指宿
西大山
志布志
串間

日豊本線・ソニック［杵築－大神］

西鉄大牟田線［下大利－都府楼前］

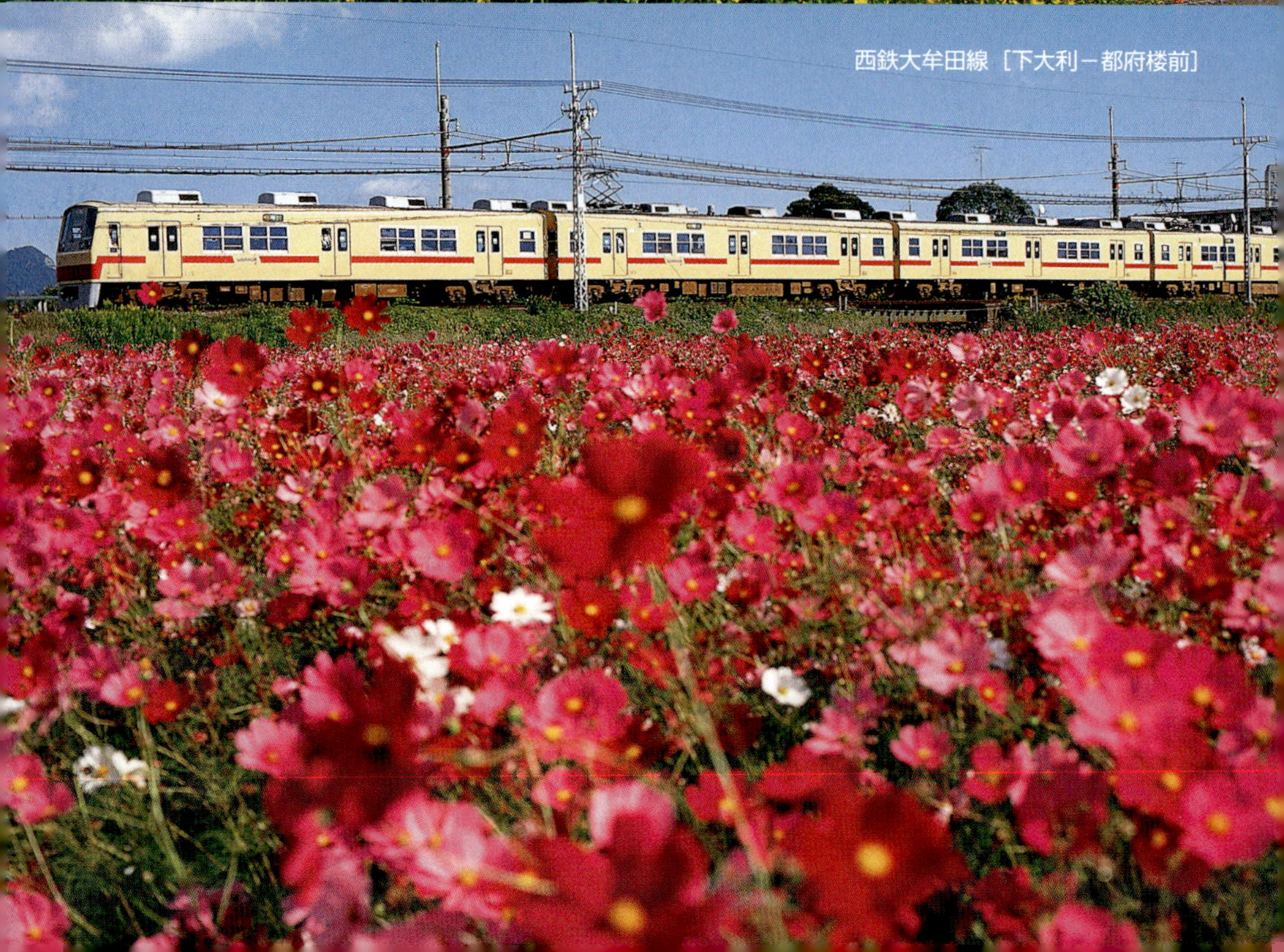

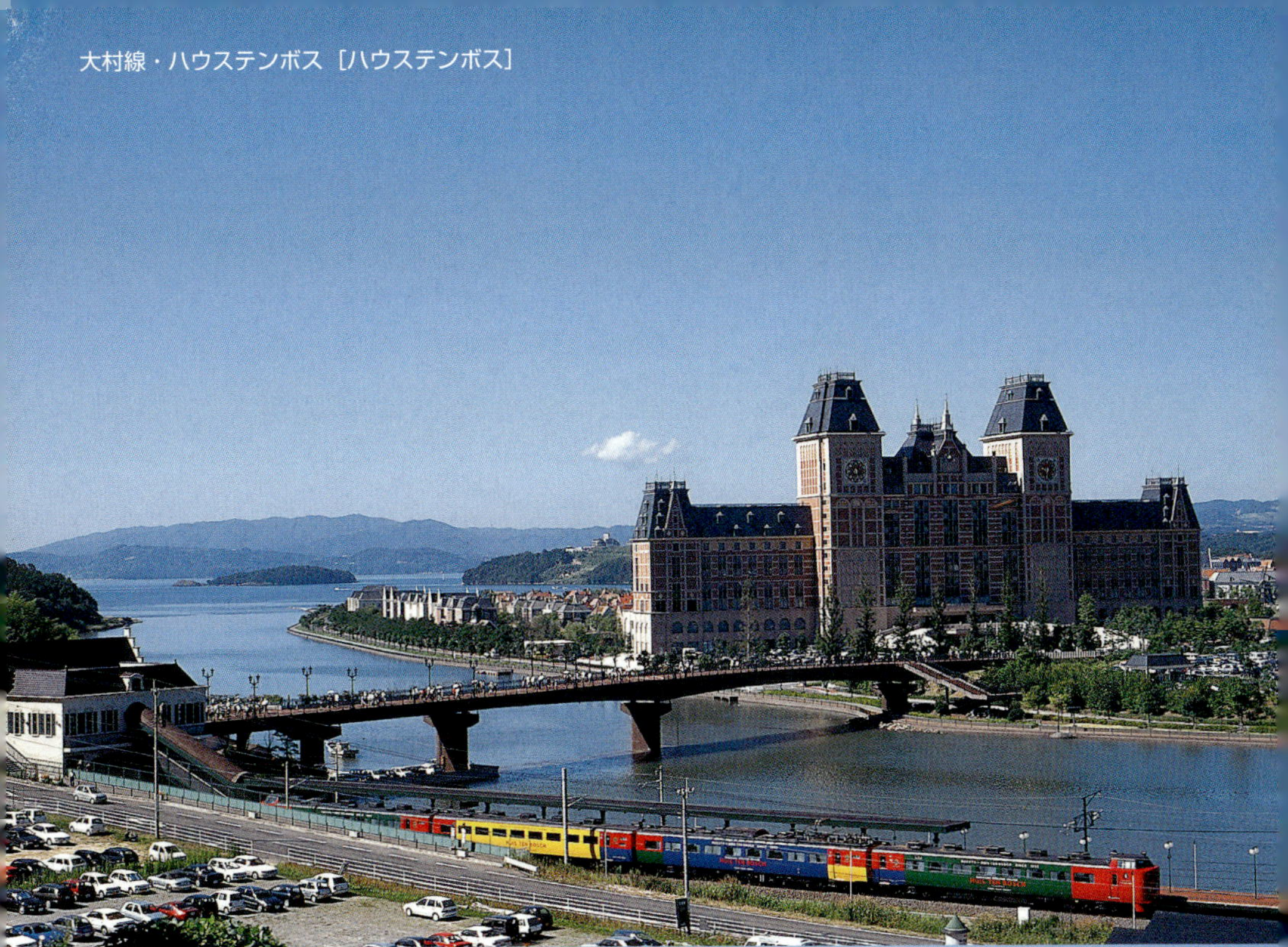
大村線・ハウステンボス［ハウステンボス］

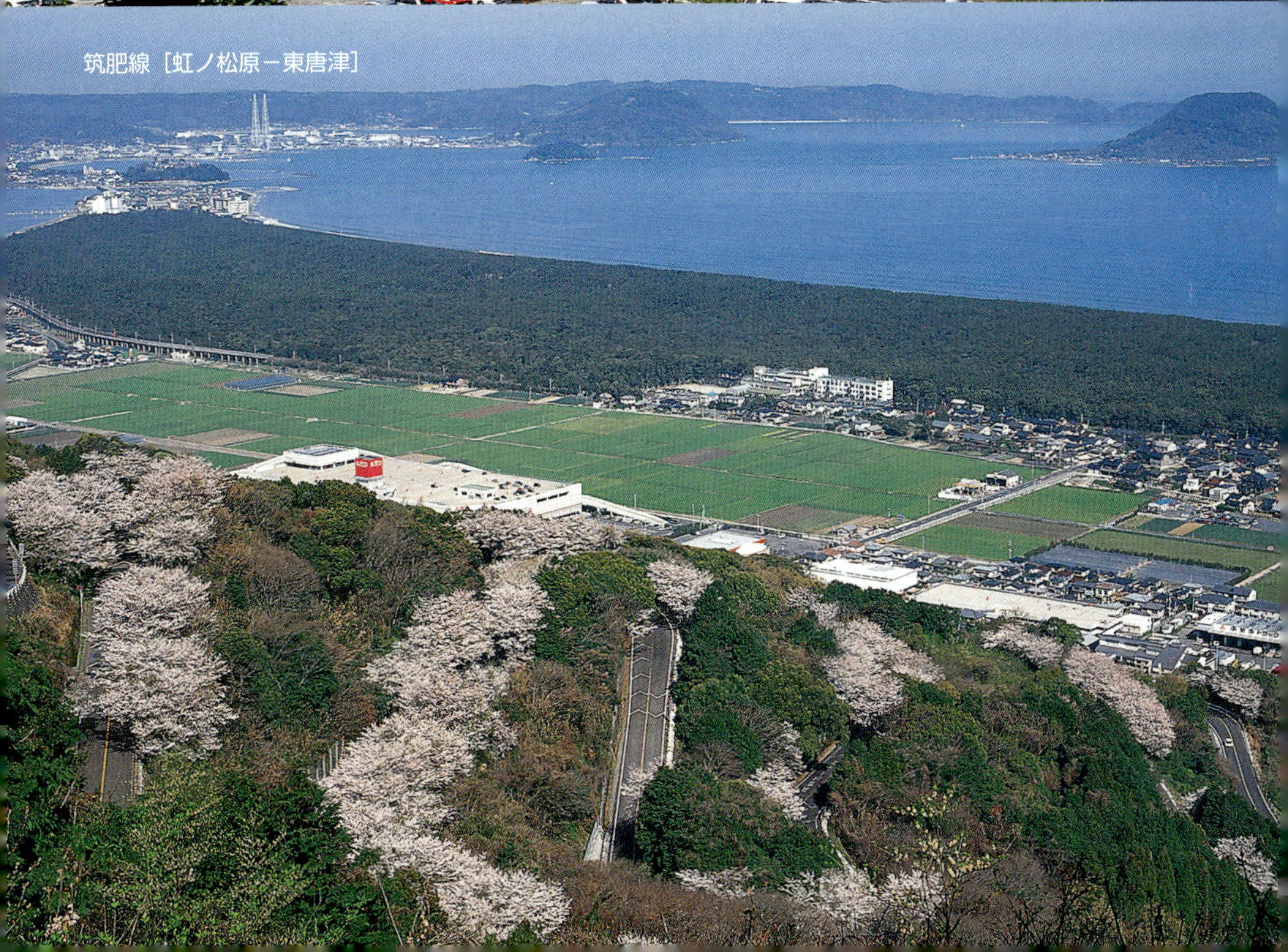
筑肥線［虹ノ松原－東唐津］

肥薩おれんじ鉄道［上田浦－たのうら御立岬公園］

日南線［大堂津－南郷］

豊肥本線・SLあそBOY［市ノ川ー内牧］

久大本線・ゆふいんの森［由布院ー南由布］

日豊本線［重富－竜ケ水］

高千穂鉄道［吾味－日之影温泉］

鹿児島市電［市役所前］

阿蘇山ロープウェイ

高千穂鉄道［深角－天岩戸］

ＪＲ九州全路線
（一部ＪＲ西日本及び肥薩おれんじ鉄道）

＊本文中の駅数のカウントは、各路線の起点から終点までのすべてを数えていますので、重複駅があり、ＪＲ九州など発表の総駅数と一致しません。
＊路線名は正式名称を使用していますが、愛称の付けられている路線は【 】書きで添えました。
＊鉄道用語などの解説や豆知識をページ下部に記載しました。
＊写真・解説とも2005年3月末の現状で記していますが、一部、過去の列車など現在無くなった車両も登場します。

［下関－門司］寝台特急「はやぶさ」が関門トンネルを抜けて九州に上陸する。ここは山陽本線

鹿児島本線《かごしまほんせん》①

門司港－八代・川内－鹿児島
営業キロ281・6
駅数90

門司港
小森江
門司
小倉
西小倉
九州工大前
戸畑
枝光
スペースワールド
八幡
黒崎
陣原
折尾
水巻
遠賀川
海老津
教育大前
赤間
東郷
東福間
福間
千鳥
古賀
筑前新宮
九産大前
香椎
千早
箱崎
吉塚
博多

門司港▼博多

鹿児島本線は、日豊本線に次いで九州で二番目に長い路線距離を誇るが、2004年3月に大きな転機を迎えた。九州新幹線の開業で、途中、**八代**《やつしろ》と**川内**《せんだい》の間116・9キロが第三セクター「肥薩おれんじ鉄道」へ移管、分断されてしまった。

1914（大正3）年建築の**門司港**《もじこう》は、現役の駅舎として最初に重要文化財に指定され、駅前のレトロ地区と併せ、九州の起点駅にふさわしい重厚さがある。関門トンネルの開通する1942年まで、長らく下関からの鉄道連絡船が着く玄関口だった。

門司《もじ》までの間、右手にチラチラと関門海峡が望める。

門司のホームからその関門トンネルの出口が見える。本州方面からの合流駅だが、夜行寝台特急の削減で寂しくなってしまった。JR九州は**下関**《しものせき》まで運営しており、一駅間だけだが山陽本線も管理下ということになる。

北九州市の中心駅・**小倉**《こくら》から、もう一つの百万都市・福岡市の**博多**《はかた》までの67・2キロは、列車密度が濃い。日中でも、日豊本線から乗り入れの「ソニック」など特急が毎時3本（話が脱線するが、鉄道は列車番号を付与して運転される。下りは奇数、上りは偶数とな

［門司港］風格の手水鉢

■山陽本線は神戸から門司までの512.7キロ。現在の夜行寝台は関門トンネル区間にヘッドマークはつけていない。

[門司港] 関門海峡に夕暮れが訪れる頃，駅舎はライト・アップされ，さらにその存在感を増していく

る原則がある。ところが、この「ソニック」の場合、ややこしくなる。日豊本線を上ってきた「ソニック」が鹿児島本線を**博多**へ直通する時、そのままの番号で運転されるので、下り線を行く上り列車状態となる。ちょっとおもしろいでしょ)。**折尾**《おりお》から**東郷**《とうごう》まで各駅停車となる準快速も登場した。これまでの快速、普通の中間的存在。両都市圏を外れた途中駅も住宅化が進み、**東福間**《ひがしふくま》や**千鳥**《ちどり》、**九産大前**《きゅうさんだいまえ》といった新駅もすっかり地元の駅として定着した。

多々良川を渡り、新装なった高架駅・**箱崎**《はこざき》。そして**吉塚**《よしづか》の次が**博多**。この一駅間だけ3線区間となる。左手の1本は篠栗線の列車が使う専用線。これも戸籍はれっきとした鹿児島本線となる。

[門司港] 0キロポスト。九州の鉄道はここから始まる

[門司港] 今日のお客さんは社会科見学の中学生

［黒崎－陣原］100万都市・北九州の工業地帯を貫き，住宅密集地を走るのだが，季節の花が車窓を彩る

［遠賀川－海老津］811系車内▶

［海老津－教育大前］古いレンガ組みが残る（下り線のみ）城山トンネルから特別塗装の811系が飛び出してきた

［東郷－東福間］鹿児島本線は貨物輸送にとっても大動脈。交直流機関車 EF81が牽くコンテナ特急

［海老津－教育大前］大分行き特急「ソニック」の足は速い

上：［折尾］筑豊本線下り側にある駅舎。ここも威厳と風格がある。下：［折尾］今も「かしわめし」の立売は健在かな？

［千早－箱崎］多々良川鉄橋で福岡貨物ターミナル発の貨物列車と特急「ソニック」がすれ違う

上：［福間］衛星都市にも菜の花畑が広がる
下：［博多］手前４本が山陽新幹線。奥が在来線

［九産大前－香椎］ソニックの終点・博多はもうすぐ

車両展示場にはキハ07始め８両が展示

記念館本館は旧九州鉄道本社

木造客車チブ37が鎮座する本館内部

九州鉄道記念館

門司港地区にまた一つ魅力的な施設が、門司港駅の南隣に誕生した。明治以降、鉄道の街として発展した門司港には、１８９１（明治24）年に建設された旧九州鉄道の赤煉瓦造りの本社社屋が残っており、これが記念館の本館。

本館中心には１９０９年製の木造の客車が置かれ、実際に乗車して畳敷きの座席に坐ったりすることができる。鉄道にまつわる記念物の展示の他、実際に体験できるコーナーの充実も特徴。「運転シユミレーター」では本物の電車運転台で、門司港－西小倉間の運転を疑似体験。「九州の鉄道大パノラマ」ではＨＯゲージの鉄道模型を自ら運転することができる。

また屋外のミニ鉄道公園では、「つばめ」や「ソニック」を自分で運転できる。途中に信号機があって、単線区間では相手の通過待ちがあったりと凝ったレイアウトになっている。

中央ゲートから続く車両展示場には、九州にゆかりの深い８両の車両が展示され、これらすべてに歴史があり、大人にとっても懐かしい。寝台特急を牽《ひ》いたＳＬ・Ｃ５９１に、九州初の電気機関車ＥＤ７２１、戦前の気動車キハ07から、世界初の寝台特急電車「月光」のクハネ５８１など。

ミニ鉄道公園の交換風景。「かもめ」と「ゆふいんの森」

■九州鉄道記念館＝093(322)1006。午前９時－午後５時。年中無休（ただし保安点検の休館日あり）。大人300円，中学生以下150円，４歳未満無料。ミニ列車は定員３名，１回300円。

［小倉］ＪＲ西日本ご自慢の500系「のぞみ」は最高速度300キロで，はるか東京を目指す

［小倉－博多］「ひかりレールスター」がグングンとスピードを上げる

小倉ー博多

博多ー博多南

山陽新幹線《さんようしんかんせん》

博多南線《はかたみなみせん》

小倉ー博多 営業キロ67・2 駅数2

博多ー博多南 営業キロ8・5 駅数2

小倉▼博多

さて、ここでなぜ、新幹線が突然出てくるか疑問の方もいますね。**小倉《こくら》－博多《はかた》**間の新幹線と在来線の営業距離を時刻表で見比べて下さい。アレッ、不思議なことに全く同じですね。どう見ても直線的に結んでいるはずの新幹線の方が、距離が短いと思うのだけれど……。

そう、実は昔、新幹線を造る時、考えられたのが在来線の線増。東海道本線の輸送力増強のため、東海道新幹線を造る。だから、距離が短くなったとしても、在来線の営業キロと同一と見なす。順次、**博多**まで新幹線が開業した時も、この考え方が踏襲されたのです。よってここでは兄弟と見なし、続いて紹介することにしました。現在、ＪＲ西日本とＪＲ九州に経営が分かれていますので、基準運賃が同区間で違うというオマケまでついてます。

確かに新幹線は速いですね。在来線の最速特急が39分かかるところが、新幹線だと20分未満。下り列車だと、グリーン車を除いて全車自由席のサービス。上り列車であいにく自由席がいっぱいでも、**小倉**でドッと下車するお客さんがいるので、盆正月を除けば、席にありつけるチャンスも多いのです。

新幹線一駅間利用・日本一と言われるくらい、人気があるのもうなずけます。さあ、あなたは時間ですか、料金を取りますか?

利用者としては選択肢が増えるのはとってもいいですね。この他、高速バスという強力なライバルも。車窓は残念ながら、スピード・

■山陽新幹線岡山－博多間は1975年３月10日の開業だから，2005年で満30歳を迎えた。

左上：［博多南］ホームから車両基地に憩う車両たちが見渡せる。手前から700系，300系の順
左下：［小倉］リニューアルで色は変わったが，新幹線の元祖０系
右：［新下関－小倉］小倉付近では洞海湾が見渡せる

アップと引き換えに長大トンネルが続きます。北九州トンネルを出た後、遠賀川を渡る前後に見える筑豊電鉄と筑豊本線の展望くらいでしょうか。

博多南線

博多▼博多南

脱線ついでに、博多南線も紹介しましょう。新幹線にして新幹線にあらず。新幹線の車両を使っていますが、扱いは在来線なのです。

わずか一駅ですが、すべて特急列車なので、運賃の他、１００円の特急料金が別途要ります。ひねくれ者の私は、在来線で特急列車しか走らない区間は、特急列車でも特急料金なしで乗れるという特例を思い出し、特急料金は要らないんじゃないの、と思ってしまいます。北海道の石勝《せきしょう》線や青函トンネルの津軽海峡線にこの例があります。新幹線から在来線特急に乗り継ぐ時は半額にする決まりがあるので、それじゃこの場合、50円にしてもよいのでは、とも。

そもそも**博多南**《はかたみなみ》は、博多総合車両所という新幹線基地がある所に設けられた駅で、それまで回送列車が走るだけでした。それが、バスしか交通手段がなかった所だけに、朝のラッシュに1時間はかかっていたのが、わずか10分に。爆発的な人気で、今では大混雑で危険であるとしてホームの拡張が発表されたくらいです。細かいことは気にしないようにしましょう。

路線は、鹿児島本線**竹下**《たけした》まで在来線と並行し、ここから那珂川に沿う形で南西へ。市街地の頭上を高架で走るので眺望は抜群。

ここは将来、南から延びてくる九州新幹線として使われる予定ですから、先取りで乗れる区間とも言えます。

■山陽新幹線と博多南線＝どちらもJR西日本に所属。

［天拝山－原田］コスモス街道を特急「リレーつばめ」が終着・博多を目指しラスト・スパート

鹿児《かご》島本線《しまほんせん》②

- 博多
- 竹下
- 笹原
- 南福岡
- 春日
- 大野城
- 水城
- 都府楼南
- 二日市
- 天拝山
- 原田
- けやき台
- 基山
- 弥生が丘
- 田代
- 鳥栖
- 肥前旭
- 久留米
- 荒木
- 西牟田
- 羽犬塚
- 船小屋
- 瀬高
- 南瀬高
- 渡瀬
- 吉野
- 銀水
- 大牟田

博多▼大牟田

名実ともに九州一の中心駅となった**博多**《はかた》。乗降人員も、列車発着本数も九州一。ここから南へもまだ福岡都市圏は続き、特に**鳥栖**《とす》までは列車ダイヤも超過密。**長崎**《ながさき》・**佐世保**《させぼ》方面への特急列車が加わるためで、久大本線の特急まで入れると1時間に6本以上が走ることになる。特急を待避するため、太宰府信号所を設けたりしているが、運の悪い普通電車に乗り合わせたりすると、追い越しで10分近く停まったり。**鳥栖**までの28・6キロに途中14駅、平均駅間1・9キロ。

鳥栖は長崎本線の分岐駅。その昔、機関区や客貨車区のある鉄道の町として賑わった所。跡地はサッカーの鳥栖スタジアムなどに生まれ変わり、すっかり様変わりしたが、ホーム上屋を支える柱に注目。古レールが使われているのだが、それがなんと、九州鉄道発祥の頃の1889年ドイツ製レールが現存するのだ。

筑後川を渡り**久留米**《くるめ》を過ぎると、筑後平野を快調に飛ばす。**熊本**《くまもと》まで毎時3本ある特急も、時速13

［船小屋－瀬高］特急「有明」同士が高速ですれ違う

■太宰府信号所＝水城－都府楼南間にある。これで鳥栖までの追い越し可能駅は，南福岡，二日市，原田，基山，弥生が丘に加え，6カ所に。

[天拝山－原田] 福岡近郊で一番早く緑が広がるのがこの付近。気持ちよく飛ばす近郊型813系快速

[天拝山－原田]「リレーつばめ」が高速ですれ違う

[天拝山－原田] 脊振山からの北風が雪を運んでくる

０キロ運転。沿線に緑が増え、快適な旅が続く。

昔、それぞれ矢部《やべ》線、佐賀《さが》線の分岐駅だった**羽犬塚**《はいぬづか》、**瀬高**《せたか》といった中核駅を通過し、**銀水**《ぎんすい》の手前でライバルの西鉄大牟田線が近寄ってくると**大牟田**《おおむた》は近い。**大牟田**は同一駅で便利なのだが、実は大牟田線と鹿児島本線は２回交差する。**笹原**《ささばる》の先と**久留米**の先。ここを通過する度、ＪＲと西鉄を乗り換える度、思うことがある。この交差部に相互の駅を造ってくれたらどんなに便利かと。それぞれの駅で一番近い所でも、歩いて10分以上かかるのだから。

■矢部線の廃止＝1985年４月１日。羽犬塚－黒木19.7キロ。
■佐賀線の廃止＝1987年３月28日。佐賀－瀬高24.1キロ。

［千丁－新八代］「リレーつばめ」が新設の連絡線を通り新幹線新八代駅へと上ってゆく

大牟田▼八代

荒尾《あらお》から熊本県に入る。南荒尾《みなみあらお》辺りで有明海越しに雲仙普賢岳が見える。玉名《たまな》に向かう列車は針路を東へとり、ほぼ南に進んでいたため左から射していた光が右に移って、ちょっと方向感覚が狂う。

西南の役で知られる田原坂《たばるざか》を過ぎ、スイカ栽培のハウスが山の斜面を覆う植木《うえき》で小さな峠をクリアし、大きなカーブを繰り返して、県都・熊本《くまもと》に到着。

緑川など幾筋かの川を渡り、熊本平野から八代平野に連なる広い田園地帯には、イグサの栽培が目を引く。駅間距離が5キロ以上あり、新型電車815系の性能もあって、走行スピードは普通電車といえどもかなり速い。

千丁《せんちょう》の次は、新駅・新八代《しんやつしろ》。博多からの在来線特急「リレーつばめ」は連絡線を通り、直接新幹線「新八代」へ乗り入れる。

大牟田
荒尾
南荒尾
長洲
大野下
玉名
肥後伊倉
木葉
田原坂
植木
西里
崇城大学前
上熊本
熊本
川尻
宇土
松橋
小川
有佐
千丁
新八代
八代

「リレーつばめ」の普通車コンパートメント席

［長洲］金魚の町らしく，デッカイ金魚が列車の発着を見守っている

[木葉－田原坂] 西南の役の激戦地・田原坂から鹿児島本線が見下ろせる

[玉名－肥後伊倉] 菊池川を渡ってトンネルへ。815系は窓が大きいのが特徴

[木葉－田原坂]「リレーつばめ」が朝日に輝く

[熊本] リニューアルされ，夜空に美しく浮かび上がる駅舎。駅前には熊本市電が発着する

■駅弁＝折尾・かしわめし弁当，博多・九州の彩，鳥栖・かしわめしなどがおすすめ。

［川内基地］開業を前に，九州新幹線800系「つばめ」全５編成が勢揃い

九州《きゅうしゅう》新《しん》幹《かん》線《せん》

新八代−鹿児島中央
営業キロ１３７・６
駅数５

新八代
新水俣
出水
川内
鹿児島中央

博多《はかた》からの在来線特急「リレーつばめ」**新八代**《しんやつしろ》行きは、**千丁**《せんちょう》を過ぎて減速し、右へポイントを渡る。大きく右側に周回して新幹線連絡線を高架橋へと上ってゆく。在来線に新設の**新八代**駅をまたぎ越して、新幹線**新八代**に到着。

［新八代］アーチで球磨川の流れを表わす

同じホームの反対側には、新幹線「つばめ」６両編成が待っている。在来線車両が新幹線ホームに直接乗り入れるのは日本初だ。最新の８００系はハイテク装置満載だが、車内は和風の香り。座席は木製、窓のブラインドは桜材の御《み》簾《す》。洗面室には八代イグサの縄のれんが掛かっていたりする。

新幹線「つばめ」は先を急ぐようにすぐに発車する。八代市街地を右に見て、グングンとスピードを増してゆく。最高速度は時速２６０キロ。最初のトンネルを飛び出すと、一瞬のうちに全長３０７メートルの球磨川橋梁を通過し、またトンネルへ。

実は最先端技術で鹿児島を結ぶため、50個のトンネルがあり、その総延長は88キロに及び、全線の

［新水俣－出水］5 秒間の絶景。わずかな時間だが不知火海が見渡せる

［出水］鶴をモチーフに軽快な屋根と自然との調和

［新水俣］不知火海のさざ波を表現

［鹿児島中央］駅舎の上に，
新幹線の線路とホームがある

［川内］川内川と東シナ海の
広がりとゆとりをデザイン

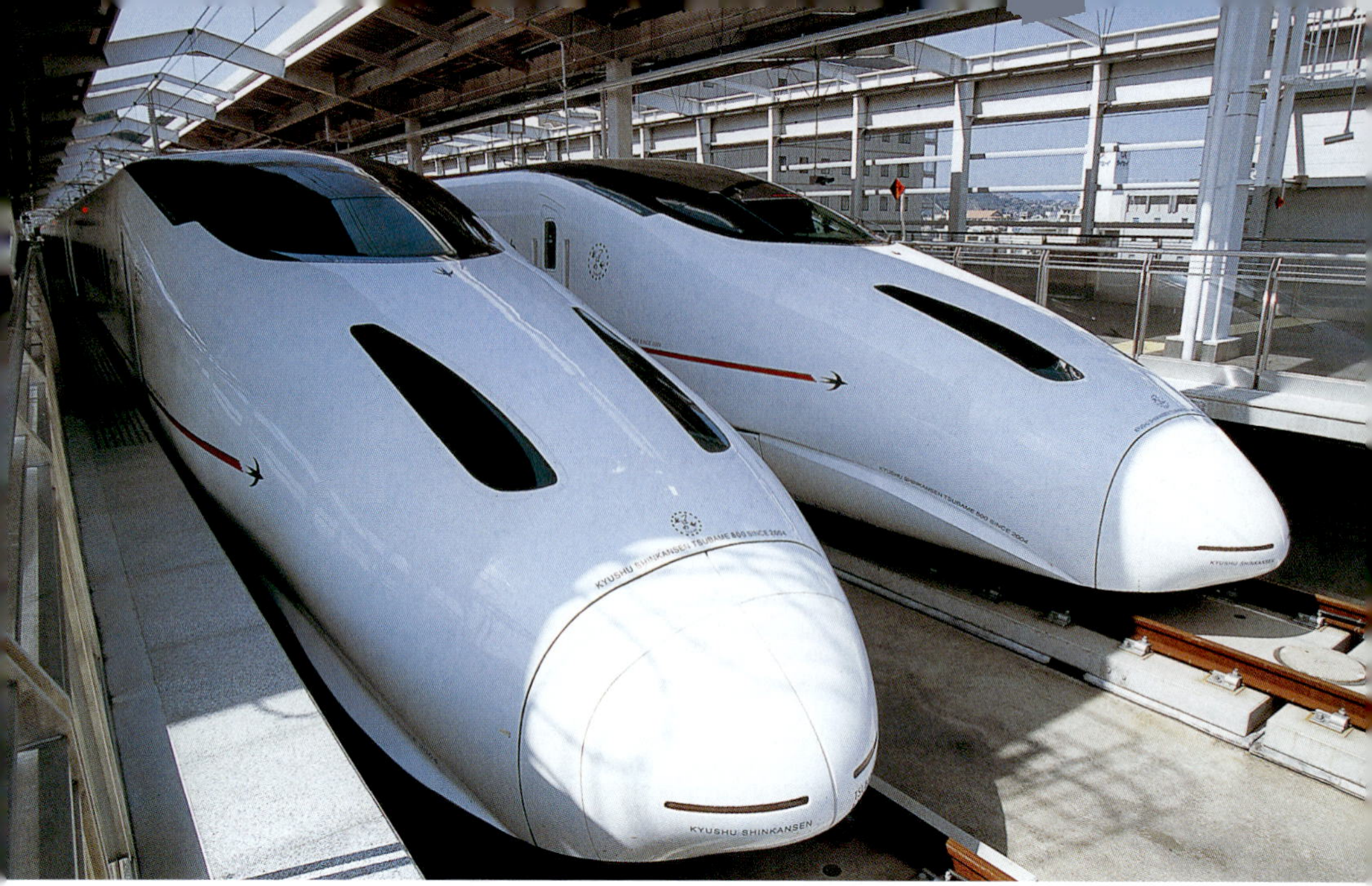

［鹿児島中央］終着駅で，美しいフォルムの800系「つばめ」同士の顔合わせ

69%に当たる。

ほとんどがトンネル内走行で、新駅の**新水俣**《しんみなまた》へ。さらに四つトンネルをくぐれば、先にもチラッと見えたが右手に不知火《しらぬい》海の絶景が見通せる。高速がゆえにその間わずか5秒。

出水《いずみ》前後は出水平野の高架橋が続く。これから**川内**《せんだい》へは山岳区間を直線的に結び、九州新幹線最長9987メートルの第3紫尾山《しびさん》トンネルなどがひかえる。川内平野に飛び出せば、**川内**をはさんで一番長く高架区間が続く。

鹿児島中央《かごしまちゅうおう》までもトンネルが連続する。最後のトンネルの出口が終着点。桜島がドーンと真正面に出迎える。利用が好調で、6年後の**博多**までの開業が待たれている。

普通車。座席後ろは木製で，
車内の印象が違って見える

「つばめ」は6両オール普通車だが，すべて
二人掛けのグリーン車並みゆったりシート

［新八代－新水俣］トンネルとトンネルの間に，307メートルの一瞬の球磨川が

新幹線「つばめ」客室乗務員の制服

車内の案内はこの姿で

［上田浦ーたのうら御立岬公園］ ディーゼルカーが春を走る

肥薩《ひさつ》おれんじ鉄道《てつどう》

八代ー川内
営業キロ116・9
駅数28

八代
肥後高田
日奈久温泉
肥後二見
上田浦
たのうら御立岬公園
肥後田浦
海浦
佐敷
湯浦
津奈木
新水俣
水俣
袋
米ノ津
出水
西出水
高尾野
野田郷
折口
阿久根
牛ノ浜
薩摩大川
西方
薩摩高城
草道
上川内
川内

八代▼川内

八代《やつしろ》の先で球磨川の鉄橋を渡り、**日奈久温泉**《ひなぐおんせん》の先から、この鉄道の最大のハイライト、それは美しい海岸線が迫ってくる。

座席は絶対、右側に坐ろう。**肥後二見**《ひごふたみ》の先、**上田浦**《かみたのうら》から**肥後田浦**《ひごたのうら》まで、不知火《しらぬい》海の海岸線に沿って絶景が続く。海の向こうには天草諸島が。**袋**《ふくろ》ー**米ノ津**《こめのつ》の区間もいい。

出水《いずみ》から**折口**《おりぐち》までは一旦内陸部に入ってしまうが、**阿久根**《あくね》辺りから、今度は東シナ海の眺望が開ける。特に、**西方**《にしかた》前後の海は何回見てもよい。これらすべて好撮影地で、美しい車窓に酔い、途中下車するのも楽しい。

肥薩おれんじ鉄道は、九州新幹線の開業を受けて、**八代**ー**川内**《せんだい》間

［八代ー肥後高田］ 球磨川の鉄橋を渡る

[上田浦－たのうら御立岬公園] 不知火海を行く。向こうは天草諸島。この美しさはいつまでも変わらない

を運行する第三セクター。ディーゼルカー車両で運転されるが、貨物列車運転の必要から電化設備はそのまま残され、貨物は電気機関車が牽引するという全国でも珍しい方式を採用した。

双方に一駅ずつだが、乗り換えなどの便を計って、JR鹿児島本線**新八代**《しんやつしろ》、**隅之城**《くまのじょう》へ一部列車は「乗り出し」をしている。

風光明媚な区間を走る路線だけに、トロッコ列車などの運行が実現したら、旅好きには最高のプレゼントになるのだが。

[上田浦－たのうら御立岬公園]
架線の下をディーゼルカーが走る

[上川内－川内] 川内川を新しい主役が通過してゆく。すぐ右が九州新幹線

[牛ノ浜] 今朝もいつもの
時間に通学列車が到着する

[薩摩大川－西方] 東シナ海が青く広がる

[津奈木] メルヘンの
駅。近くに温泉も

■福北ゆたか線から817系20両が鹿児島に転属し，475系27両が転出。川内以南の様子も変わってきた。

［隈之城－木場茶屋］川内以南は JR 線として残る区間。元急行型475系がローカル電車として余生を送る

鹿《か》児《ご》島《しま》本《ほん》線《せん》③

川内
隈之城
木場茶屋
串木野
市来
湯之元
東市来
伊集院
薩摩松元
上伊集院
鹿児島中央
鹿児島

川内▼鹿児島

ここは九州新幹線開業後もＪＲ線として残った鹿児島の近郊区間に当たる。在来線特急「つばめ」がなくなり、ローカル電車だけの活躍となったが、朝夕「さわやかライナー」、「ホームライナー」として一往復だけに特急車が走る。**上伊集院**《かみいじゅういん》から次の**鹿児島中央**《かごしまちゅうおう》までの駅間は約10キロ。山深い所を走っていると思っていたら、一瞬に開ける鹿児島の市街地の出現は圧巻！　突然、桜島が出迎えてくれる。

ほとんどの列車が**鹿児島中央**を起終点に運転されているが、戸籍上はさらに次の**鹿児島**《かごしま》が路線の終点となっている。**串木野**《くしきの》、**伊集院**《いじゅういん》などから特急列車が消えた。

［隈之城］817系と「さわやかライナー」

［隈之城］美しい駅舎は気持ち良い

■駅弁＝とんこつ弁当は限定販売品なので午前中に売り切れのおそれあり。歯ごたえのあるとんこつの味は，一度試してみる価値あり。

[若松－藤ノ木] 若戸大橋に見送られて若松を発車。右のマンションが建っている所が石炭ヤード跡

筑豊本線《ちく ほう ほん せん》

若松－原田
営業キロ66・1
駅数25

若松
藤ノ木
奥洞海
二島
本城
折尾

筑豊本線は、言わずと知れた石炭輸送の大動脈として栄えた路線だが、これも今は昔。貨物列車の運行も廃止され、2001年の電化開業で近代路線に生まれ変わった。

若松▼折尾【愛称・若松線】

若松《わかまつ》から**折尾**《おりお》までの10・8キロは、電化が**折尾**から先の区間となったため、非電化で取り残された。

若松の広大な石炭ヤードもすっかり整備され、マンションの建ち並ぶ街並に生まれ変わった。後方の若戸大橋に見送られて出発したディーゼルカーは、しばらく洞海湾を左に見て進む。栄華の余韻を残した複線の用地は広々としている。**二島**《ふたじま》の次の**本城**《ほんじょう》は平成の新設駅。

折尾は鹿児島本線の真下に立体交差して到着する。これは110年以上も前、1891（明治24）年の開業当初からだと分かると驚きだ。どれだけ石炭輸送が賑わっていたのか想像がつく。

[若松－藤ノ木] 石炭ヤード跡の現代の姿

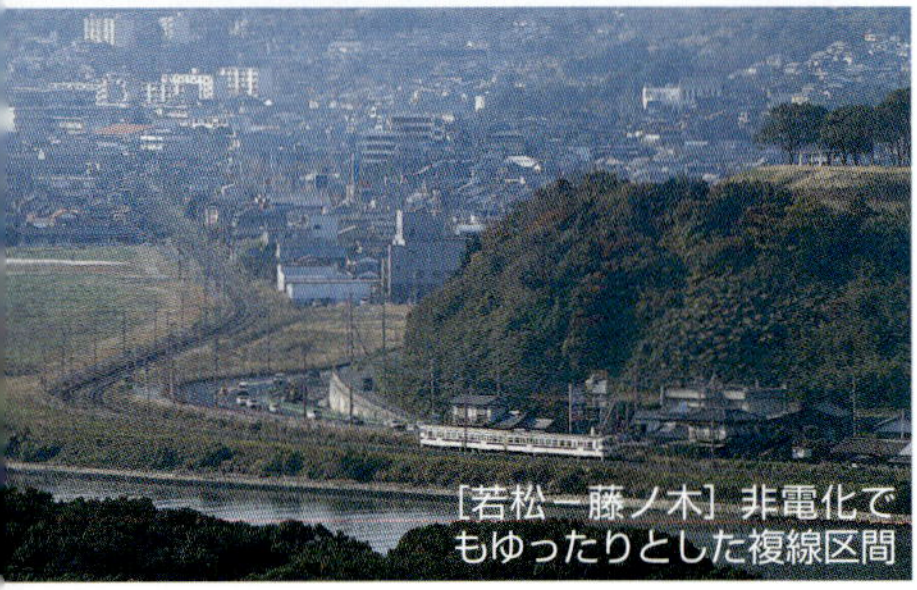

[若松－藤ノ木] 非電化でもゆったりとした複線区間

■九州の鉄道の発祥は1889年，博多から千歳川まで（久留米の手前，筑後川の北の仮駅）。
■廃止＝香月線1985年，宮田線1989年，幸袋線1969年。

［中間－筑前垣生］５月の風が心地良い

［東水巻－中間］最後まで残った客車列車の思い出。複々線区間の名残り

［中間－筑前垣生］古い赤レンガの橋脚が上り線に残る遠賀川橋梁

折尾
東水巻
中間
筑前垣生
鞍手
筑前植木
新入
直方
勝野
小竹
鯰田
浦田
新飯塚
飯塚
天道
桂川

折尾▼桂川【愛称・福北ゆたか線】

黒崎《くろさき》方面を結ぶ連絡線上に**折尾**駅6・7番乗場が設けられているが、先の**若松**からの駅本屋の1－5番線から150メートル程離れており、注意が必要。

かつて、ここから二つ先の**中間**《なかま》までは複々線区間で、石炭を満載した運炭列車が蒸気機関車に牽かれて往き来していたことを、つい昨日のことのように思い出す。過去の栄光を示す廃止された路線の分岐駅が続く。

中間から香《か》月《つき》線。唯一、第三セクターで残った**直方**《のおがた》の伊田《いた》線に次いで、**勝野**《かつの》の宮田《みやた》線、**小竹**《こたけ》の幸袋《こうぶくろ》線。**飯塚**《いいづか》の上山田《かみやまだ》線と続く。記録に残らない引込線、専用線も数多いらしい。

すっかり筑豊本線の顔となった817系が颯爽と駆け抜ける。飯塚地区はもちろん、北九州に近い**直方**からも**博多**《はかた》への通勤・通学客が増えたと聞く。

飯塚《いいづか》までずっと続いた複線も、ここから単線に。**博多**に近づいて、単線とはだが、これもかつての名残り。石炭輸送は北九州地区へ向いていた。電化工事の時、篠栗線とともども複線化も検討されたが、資金面で断念された経緯がある。今、筑豊地区に貨物列車は一本も走らない。

飯塚駅ホーム正面に、筑豊に唯一残った歴史の証人・忠隈《ただくま》鉱のボタ山がよく見える。

■福北ゆたか線＝黒崎から筑豊本線，篠栗線を経由して博多までの区間の愛称。黒崎－折尾間，吉塚－博多間は鹿児島本線に属する。

[飯塚] 忠隈鉱のボタ山と一時代を飾った50系客車たち。「レッドトレイン」と呼ばれ親しまれた

[飯塚－天道] 筑豊に唯一残るボタ山にも木々が生長し，近代電化路線に変身した筑豊本線を静かに見守る

[直方] 駅前には石炭の歴史を
偲ぶようにモニュメントがある

[天道] すれ違う最新鋭817系と特急「かいおう」

[筑前内野－筑前山家] 冷水峠をキハ40系気動車が行く。蒸気機関車から時代は移ったがこの風景は変わらない

[筑前内野－筑前山家] 2001年9月に走った「さよなら客車列車」

[筑前山家] なぜか駅前に西鉄の路面電車が鎮座している

桂川▼原田【愛称・原田線】

博多《はかた》方面への輸送が篠栗線へ移った今、ここからは同じ本線と思えないくらいの凋落《ちょうらく》ぶり。電化からも取り残され、キハ40系が1両ぽっきりで、朝夕を中心に6・5往復するのみ。昼間、原田《はるだ》発は6時間以上も間が空く。

筑前内野《ちくぜんうちの》と筑前山家《ちくぜんやまえ》の間にある冷水峠と言えば、SLファンには忘れられない聖地だったのに。筑前内野にあったすれ違い用レールも取り払われ、原田線の20・8キロは一列車しか走れない。この長さは日本一かも知れない。

桂川
上穂波
筑前内野
筑前山家
原田

■冷水峠＝かつて峠越えに奮闘する蒸気機関車ファンに大人気のC55形を始め，D50，D60，D51，C57などが牽引する旅客列車や貨物列車の撮影で大いに賑わった。

[筑前山手－篠栗] 沿線にコスモスの花が咲き乱れる中，新鋭817系が高速で通過していく

篠《ささ》栗《ぐり》線《せん》

桂川－吉塚
営業キロ25・1
駅数11

桂川
筑前大分
九郎原
城戸南蔵院前
筑前山手
篠栗
門松
長者原
原町
柚須
吉塚

桂川《けいせん》から**篠栗**《ささぐり》までは、1968年に博多とを短絡する目的で造られた区間。2001年の電化でさらに利便性が増した。**九郎原**《くろうばる》と**城**《き》**戸南蔵院前**《どなんぞういんまえ》の間に掘られたJR九州で二番目に長い篠栗トンネル（全長4550メートル）の効果が大きい。

電化に際して、高架駅で工事が難しい**筑前山手**《ちくぜんやまて》を除いて、全駅が交換可能駅となった。**長者原**《ちょうじゃばる》と**原町**《はるまち》との駅間はわずか700メートルしかないのに、である。

篠栗から**吉塚**《よしづか》までは1904（明治37）年開通と歴史があるが、近年は完全に福岡都市圏の仲間入りで、高層アパートがひしめく。ここで折り返す列車もあり、1時間5本以

[長者原] 香椎線乗り換え駅。ちょうど赤い気動車キハ200もやってきた

［筑前山手－篠栗］1968年の開業区間。高架橋で一気に里山を貫く。桂川から篠栗まで踏切はたったの二つ

［筑前大分－九郎原］早春に梅の香が漂う

［桂川－筑前大分］日中は２両の短編成

上の運転が確保されている。**吉塚**までは途中、**原町**だけだったのが、**門松**《かどまつ》、**長者原**、**柚須**《ゆす》と駅が新設された。すべての列車が、篠栗線専用線１本を使って**博多**《はかた》に乗り入れる。

■２番目に長いトンネル＝九州新幹線開業で，第３紫尾山トンネル（9987メートル）をはじめ5000－6000メートル級長大トンネルが開通して第７位に。在来線では未だ２位。

[海ノ中道－雁ノ巣] 玄界灘に一番近づくこの辺りは眺めが最高。砂が線路を埋める害には悩まされる

香《か》椎《しい》線《せん》

西戸崎－宇美
営業キロ25・4
駅数16

西戸崎
海ノ中道
雁ノ巣
奈多
和白
香椎

西戸崎▼香椎

ほぼ中間距離に当たる鹿児島本線との連絡駅・**香椎**《かしい》で、この線の性格が二つに分かれる。

西戸崎《さいとざき》は博多湾に面した駅で、志賀島への中継地点に当たるが、ここも福岡都市圏の仲間入りで、マンションなどが増えてきた。

海ノ中道《うみのなかみち》を過ぎ、**雁ノ巣**《がんのす》にかけて左手に玄界灘が望める。この付近が一番砂嘴《さし》のくびれている所に当たり、砂浜が砂丘のように見え、風紋も確認できる。

和白《わじろ》は西鉄宮地岳線との乗り換え駅だが、すぐ隣りにあってすごく便利。これは、両線とも「博多湾鉄道」という会社が建設したもので、香椎線だけが国有化された歴史があるため。

次に鹿児島本線をまたぐと、乗客の入れ換わる**香椎**に着く。

[西戸崎] 駅舎は帆船のイメージ

[和白－香椎] 和白付近は西鉄宮地岳線が寄り添う

■勝田線の廃止＝1985年４月１日。吉塚－筑前勝田間13.8キロ。

［長者原－酒殿］奥に見えるのが志免炭鉱のボタ山と竪坑跡

香椎
香椎神宮
舞松原
土井
伊賀
長者原
酒殿
須恵
須恵中央
新原
宇美

香椎▼宇美

香椎《かしい》から五つ目の**長者原**《ちょうじゃばる》も、篠栗線との乗り換え駅。これらは別の会社が建設したので、初めはただ直角に交差するだけだった。それが駅が新設されると、篠栗線の快速電車も停車する拠点駅に昇格。**酒殿**《さかど》では右手にボタ山と志免炭鉱の竪坑跡が見える。そもそもこの香椎線が誕生するきっかけとなった粕屋炭田の遺物だ。勝田《かつた》線**志**《し》**免**《め》に向かっていた貨物線の跡も所々残っている。

終着・**宇美**《うみ》にはもう一つの**宇美**駅があった。今はなき勝田線**宇美**駅で、当時の時刻表には接続しているように書かれているが、実際は50メートル程離れていた。勝田線の方は筑前参宮《ちくぜんさんぐう》鉄道として誕生したからだ。

［宇美］赤色は近くの宇美八幡宮にちなむ

［酒殿－須恵］赤い気動車キハ200，220は香椎線を去り，今は白のキハ40，47のみ

［下山門−今宿］複線化された区間を行く新鋭直流電車303系。この後，生の松原を抜け海岸線に出る

筑《ちく》肥《ひ》線《せん》

姪浜−唐津／山本−伊万里
営業キロ42・6／25・7
駅数29

姪浜／下山門／今宿／周船寺／波多江／筑前前原／美咲が丘／加布里／一貫山／筑前深江／大入／福吉／鹿家／浜崎／虹ノ松原／東唐津／和多田／唐津

姪浜▼唐津

筑肥線は当初、**博多**《はかた》から出ていた。**筑前高宮**《ちくぜんたかみや》、**小笹**《おざさ》、**鳥飼**《とりかい》、**西新**《にしじん》と、人口密集地を通過していた。それがなぜ廃止されたかというと、1983年、福岡市営地下鉄との相互乗り入れとするためだった。

また、JR九州の電車はすべて交流仕様なのに対し、ここだけ地下鉄と同じ直流専用電車が走る特徴を持っている。

下山門《しもやまと》以降、全線単線だったが、**筑前**《ちくぜん》**前原**《まえばる》までの複線化が完成し、日中でも1時間に4本の運転が実現している。

［一貫山−筑前深江］高台に登れば深江の街，糸島半島の向こうに玄界灘まで見通せる

[鹿家－浜崎] 線路は海岸線に沿って走る。唐津湾の向こうには虹の松原が真一文字に広がっている

[筑前深江－大入] 半径300メートルの急カーブを行く直流電車103系

[鹿家] 桜の美しい坂の上の静かな駅

通勤形電車のみが走る路線だが、海岸線の美しい路線で、**下山門**－**今宿**《いまじゅく》間の今津湾に続いて、**大入**《だいにゅう》、**福吉**《ふくよし》、**鹿家**《しかか》と、今度は唐津湾の眺望が素晴らしい。

虹《にじ》**の松原**《まつばら》の駅前、東西約6キロ続く松並木は手入れが行き届いており、一見の価値あり。

高架の**東唐津**《ひがしからつ》から松浦川を渡り、右手に唐津城が見えれば、**和多田**《わただ》の次が終点・**唐津**《からつ》。土曜、休日には快速電車が5往復走る。

[駒鳴] 小さな無人駅にも桜の季節がやって来た。ここにも毎日の営みがある。古い駅舎には情感も

山本▼伊万里

先に終点と書いたが、事情は違うが鹿児島本線に起こった先例がここにある。

唐津地区でも、電化開業時に廃止区間が出た。

それまでの**東唐津**《ひがしからつ》は、現在の高架駅の右手、松浦橋のたもとにあって、松浦川に突き当たった行き止まり駅であった。列車は川を越えられず、スイッチバックして鏡《かがみ》地区を通り、**山本**《やまもと》へ向かっていた。つまり、**東唐津**－**山本**間の廃止で、飛び地ならぬ「飛び線」が出現した次第。

山本から再び筑肥線の旅は続く。列車はすべて唐津線を通って、**唐津**《からつ》から直通するが、こちらは非電化、ディーゼルカーが走る。

山本
肥前久保
西相知
佐里
駒鳴
大川野
肥前長野
桃川
金石原
上伊万里
伊万里

[西相知] ここには駅舎すらない。電話ボックスが一つだけ。コスモスだけが見ている

■東唐津－山本間の廃止＝途中に鏡，久里の２駅で 7.4 キロ区間。正確には現在の虹ノ松原－東唐津間も線路が付け替わっている。現在の唐津へのルートは，未成線の呼子線（虹ノ松原－呼子）の一部になる。

[佐里－駒鳴] 現在はすべて各駅停車で運転

[佐里－駒鳴] 花いっぱいの温泉施設脇を走り抜ける

[肥前長野] 列車の発着時にだけ人の気配がする

次の肥《ひ》前《ぜん》久《く》保《ぼ》の手前まで右手に延々と唐津線の線路が寄り添って、まるで複線のよう。

途中駅は無人駅ばかり、古い駅舎が目立つ。正真正銘の終点・伊《い》万《ま》里《り》で松浦鉄道に連絡するが、線路は完全に分断され、直通はできない。

[駒鳴] 午後の昼下がり，白い気動車キハ40が到着。春うらら

■伊万里の急行「平戸」＝かつて博多から，廃止された筑肥線区間を通って伊万里を直通し，現在の松浦鉄道を経由して長崎まで急行列車が直通運転されていた。

[厳木－岩屋] 満開の白モクレンに見送られて黄色い気動車キハ125が駆けていく

唐《から》津《つ》線《せん》

久保田－西唐津
営業キロ42・5
駅数13

久保田
小城
東多久
中多久
多久
厳木
岩屋
相知
本牟田部
山本
鬼塚
唐津
西唐津

唐津線の列車はすべて佐賀《さが》から発着する。この線の歴史も多久《たく》地区などの石炭を唐津に運び出す目的に始まる。多久《たく》と厳木《きゅうらぎ》の間に横たわる延長458メートルの笹原《ささばる》トンネルは、全線単線にあって、ちゃんと複線用の広さに掘られている。**厳木**には蒸気機関車時代の遺物、赤煉瓦でできた給水タンク跡が残っていたりする。

今は静かな沿線風景だが、花の咲き誇る美しい路線でもある。**小城**《おぎ》からの小城公園の桜や**相知**《おうち》の見返りの滝のアジサイは有名。沿線には高校が多く、通学生が多いのも特徴。**厳木**では地元の高校生が駅の清掃をしていたりと、気持ちのよい駅が多い。

筑肥線との並行区間にある**本牟**《ほんむ》**田部**《たべ》は唐津線側にだけ駅がある不思議な所。

[東多久] 新しい駅舎に変わったが，無人駅

[厳木－岩屋] 沿線には心優しい人が多いのだろう，菜の花にカンナ，コスモスと季節の花が咲き乱れる

[多久－厳木] 複線仕様の笹原トンネル

[厳木] 下校時，車内はアッという間に満員になる

山本《やまもと》－**西唐津**《にしからつ》間で、共用する**伊万里**《いまり》からの筑肥線でまた上下列車番号の逆転を発見。

鬼塚《おにづか》は松浦河畔の無人駅。

筑肥線電車の車庫もある**西唐津**が、唐津線の終点となる。よって**唐津**《からつ》－**西唐津**の一駅間だけ電化区間。

［石原町ー呼野］背後の石灰岩の山の向こうは，カルスト台地・平尾台へと続く

日田《ひた》彦山《ひこさん》線《せん》

城野ー夜明
営業キロ68・7
駅数23

城野 / 石田 / 志井公園 / 志井 / 石原町 / 呼野 / 採銅所 / 香春 / 一本松 / 田川伊田 / 田川後藤寺 / 池尻 / 豊前川崎 / 西添田 / 添田

城野▼添田

日田彦山線は、北九州から田川地区を縦貫し、**彦山《ひこさん》**、**日田《ひた》**へと至る路線だが、その生いたちは複雑だ。国鉄の他、小倉鉄道や豊州《ほうしゅう》鉄道が関わっている。

やはり田川・添田地区の石炭を小倉港へと運び出すために敷設された。**呼野《よぶの》**と**採銅所《さいどうしょ》**の間の金辺《きべ》トンネルには、複線用の大形トンネルが残され、当時を物語る。ここも全線単線。

北九州モノレールの終点・**企救《きくが》丘《おか》**に近い**志井公園《しいこうえん》**など北九州市街地を抜け出した路線は、次第に山深くなってくる。**石原町《いしはらまち》**までは近年まで石灰石の運搬列車が多数運転されていたが、これも廃止され、今は貨物列車は1本も走っておらず寂しくなってしまった。

採銅所から筑豊地区となり、廃止された添田《そえだ》線の分岐駅・**香春《かわら》**に着く。分岐と書いたが、元々は添田線の方が開通が早く、後に開通の**田川伊田《たがわいた》**、**田川後藤寺《たがわごとうじ》**経由に重点が移る。石炭輸送の役目を終えていた添田線が、ローカル線廃止問題で、独立した路線名を持っていたがために廃止されてしまった。

豊前川崎《ぶぜんかわさき》では**飯塚《いいづか》**からの上山田《かみやまだ》線が合流していたが、これも廃止。また一度も列車が走ることがなかった未成線の油須原《ゆすばる》線の工事も進んでいた。

［呼野ー採銅所］金辺トンネルも一目瞭然

■添田線の廃止＝1985年4月1日，香春－添田間12.1キロ。
■上山田線の廃止＝1988年9月1日，飯塚－豊前川崎間25.9キロ。

［筑前岩屋－大行司］雨上がりに煙る杉林の山間に，美しいアーチ橋が連続する

添田▼夜明

添田《そえだ》を発車すれば、車窓は次第に山里の様相で、英彦山への登山口、**彦山**《ひこさん》を過ぎれば、4379メートルの釈迦岳トンネルに突入する。トンネルを抜けた所にある**筑**《ちく》**前岩屋**《ぜんいわや》には、トンネル内から染み出た湧水を汲める水場がある。6月にホタルが乱舞するという清流と棚田に、アーチ橋がかかり美しい。**大行司**《だいぎょうじ》は階段の上の桜の駅。

季節の花が見事な**宝珠山**《ほうしゅやま》を過ぎると、福岡県から大分県に入り、その名も美しい**大鶴**《おおつる》、**今山**《いまやま》と続き、**夜明**《よあけ》で久大本線と合流する。

白一色だった日田彦山線にも黄色のキハ125が走り出した。

［宝珠山］手入れの行き届いた駅の夏の午後

［彦山－筑前岩屋］美しい里山の棚田。列車はすぐ右手の釈迦岳トンネルに入る

［彦山－筑前岩屋］彦山側は彦山川の清流に沿って走る

［大行司－宝珠山］車窓にはコスモスの花が寄り添う

［下鴨生］ボタ山の名残りの風景の中，列車が発車してしまうと，また元の静けさを取り戻す

後《ご》藤《とう》寺《じ》線《せん》

新飯塚ー田川後藤寺
営業キロ13・3
駅数6

新飯塚 — 上三緒 — 下鴨生 — 筑前庄内 — 船尾 — 田川後藤寺

筑豊地区でたくさんの路線が廃止されていった中で、唯一生き残ったと言っていいくらいの路線。

福北ゆたか線の電化開業で新装なった**新飯塚**《しんいいづか》から二つ目、**下鴨生**《しもかもお》からも全長7・9キロのミニ路線・漆生《うるしお》線が分岐していた。

ここも過去の賑わいを象徴するように広い構内を持つ。**下鴨生**は線内唯一のすれ違い可能駅なのだが、普通、左側通行の鉄道にあって右側通行で列車の行き違いをする。どうも、右側に分岐していた漆生線の影響と思われるが、こんな小さな発見もおもしろい。

筑前庄内《ちくぜんしょうない》から入水《いりみず》トンネルで峠を越え、**船尾**《ふなお》に着く。ここは工場の中に駅があるのじゃないかと思えるほどで、石灰石の採取場やセメント工場が建ち並ぶ。後藤寺方面へ石灰石列車がSLでピストン輸送されていた頃の情景を思い出す。今は、旅客列車が走るのみだ。

朝、下り1本だけだが、線内ノン・ストップの快速列車運転もおもしろい。

［筑前庄内ー船尾］1999年10月に走ったSL「クロスロードふくおか」号

■漆生線の廃止＝1986年4月1日，下鴨生－下山田間7.9キロ。

[鍋島ー久保田] 秋風を受け「ハウステンボス」が快走する

[鍋島ー(臨)バルーンさが]
熱気球が「かもめ」を見下ろす

[神埼ー伊賀屋]「かもめ」は博多へ向けダッシュ

長崎《なが》《さき》本線《ほん》《せん》

鳥栖ー長崎／喜々津ー浦上
営業キロ148・8
駅数40

鳥栖
肥前麓
中原
吉野ケ里公園
神埼
伊賀屋
佐賀
鍋島
久保田
牛津
肥前山口

鳥栖▼肥前山口

佐世保線が分岐する**肥前山口**《ひぜんやまぐち》までは複線区間。**博多**《はかた》と**長崎**《ながさき》を結ぶこの線のクイーン「白いかもめ」が高速で颯爽と駆け抜けていく。この列車に使われる885系には振り子装置があり、緩いカーブなどもスピードを落とさずに通過できる。

吉野ケ里《よしのがり》**公園**《こうえん》を過ぎると右に史蹟の櫓《やぐら》が見える。広い青空と緑の佐賀平野が気持いい。

さすがは県都、**佐賀**《さが》で多くの人が下車。**鍋島**《なべしま》と**久保田**《くぼた》の間、11月のバルーン・フェスタの時だけ開設される臨時駅・**バルーンさが**の嘉瀬川《かせがわ》の堤防にさしかかる。

麦畑の広がる大空の下、列車は風になる。この区間で一番好きな所だ。夕景もまたいい。線路が西へ向かっているため、大きな落日と刻々と変化する光で、列車の表情も変わる。冬と夏では太陽の位置が変わり、また趣が違う。軽快な風が辺り一面に吹いていく。

[神埼] モダンな駅を特急通過。
ここも吉野ケ里公園に近い

[鍋島ー久保田] 麦秋の嘉瀬川の築堤を行く。今はなき485系の「かもめ，みどり，ハウステンボス」併結特急

[肥前麓ー中原] 落日に合わせるように885系「白いかもめ」がやって来た。博多まであと少し

［鍋島－久保田］西の空が茜色に染まる頃，唐津線乗り入れ気動車が静々と通過していく

［牛津－肥前山口］広大な佐賀平野で，一瞬サイドが輝く

［鍋島－久保田］ローカル電車に活躍する817系も紅色に

［肥前飯田－多良］なつかしの夜行寝台「さくら」が長崎を目指す

［多良－肥前大浦］白い「かもめ」が小さな入江を渡る

肥前山口▼長崎

　この先は単線の細道になる。**肥《ひ》前鹿島《ぜんかしま》**を過ぎ、**肥前浜《ひぜんはま》**辺りから左手にチラチラと有明海が見え始める。この景色を堪能するには座席は是非、左側に坐りましょう。

　多良《たら》を過ぎると、さしもの駿足の「かもめ」もガクンとスピードが落ちる。この線のハイライト、ビュー・ポイントに差しかかったのだ。入江に沿った見晴らしが美しい。里《さと》信号所付近の線形は完全に半円を描いている。行き違う列車が入江の向こうに、左手真横に見える。

　小長井《こながい》の手前で諫早湾の向こうに雲仙普賢岳も見え、列車は長崎県に入った。

　諫早《いさはや》から**喜々津《ききつ》**までは複線。列車はスピードを取り戻し、ラスト・スパートをかける。この先は二つのルートに分かれる。優等列車は1972年開通の電化された新線に入る。**現川《うつつがわ》**の先、全長6173メートルの長崎トンネルの中には、行き違いのため肥前三川《ひぜんみかわ》信号所がある。

　トンネルを出ると長崎の市街地。右頭上から旧線が寄り添ってきて、**浦上《うらかみ》**で合流。次の終点・**長崎《ながさき》**まで1・6キロ、複線に戻る。

［長崎］稲佐山から市街地を見下ろす。終着・長崎で行き止まり

- 肥前山口
- 肥前白石
- 肥前竜王
- 肥前鹿島
- 肥前浜
- 肥前七浦
- 肥前飯田
- 多良
- 肥前大浦
- 小長井
- 長里
- 湯江
- 小江
- 肥前長田
- 東諫早
- 諫早
- 西諫早
- 喜々津
- 市布
- 肥前古賀
- 現川
- 浦上
- 長崎

■信号所＝単線区間などに，駅ではないが列車の行き違いのために設けられた交換設備。里信号所は多良－肥前大浦間，次の小長井との間には土井崎信号所もある。

［多良－肥前大浦］白いボディもくっきりと有明海に沿って。白い「かもめ」の強烈な印象

［多良－肥前大浦］赤と青のコントラストも鮮やかに思い出のレッドトレイン485系「かもめ」が走り去る

［東園－大草］旧線は大村湾に沿って走る。キハ183系「シーボルト」は「ゆふDX《デラックス》」に変身

喜々津
東園
大草
本川内
長与
高田
道ノ尾
西浦上
浦上

喜々津▼浦上

新線開通までは、1905年開業の旧線が唯一のルートだった。非電化で取り残されてしまったが、古いだけに大村湾の入江と集落を縫うように結ぶ。**東園《ひがしその》**、**大草《おおくさ》**と美しい海岸線が車窓の友。

線増の形で新線の開業後も、旧線にはたくさんの集落があり、廃止されることなく残された。**喜々《きき》津《つ》－浦上《うらかみ》**間はどちらも単線だが、距離は離れていても複線に見立てることもできる。

大草から列車は高度を上げて松ノ峠トンネルで峠を越え、つい最近までスイッチバックだった**本川《ほんかわ》内《ち》**へ。**長与《ながよ》**からは風景が一変し完全に長崎の市街地の駅が連続する。

▲［大草］途中下車したくなる駅

▼［本川内］スイッチバック時代

［喜々津－東園］かつてすべての列車がこの風景を見て長崎を目指した

［有田－三河内］783系特急「ハウステンボス」

［有田－三河内］783系特急「みどり」

佐世保線《させぼせん》

肥前山口ー佐世保
営業キロ48・8
駅数14

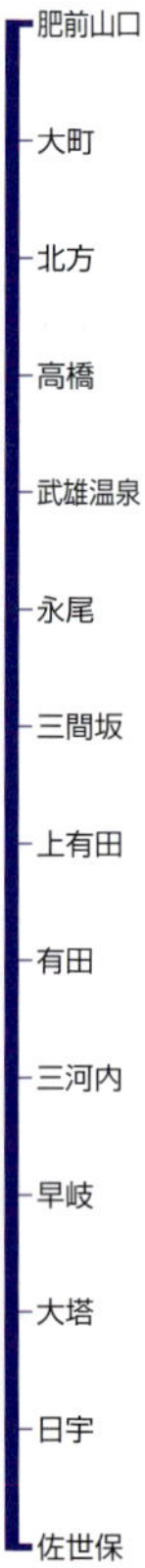

武雄温泉《たけおおんせん》に、有田焼の里・**有田**《ありた》、**佐世保**《させぼ》に向かうみどりの特急「みどり」と**ハウステンボス**への赤い特急「ハウステンボス」が特徴の線区だが、この線にも古い歴史がある。

早岐《はいき》で「みどり」はスイッチバックして**佐世保**に向かうのに対し、「ハウステンボス」は大村線をそのまま、まっすぐ直進する。

1934年、**多良**《たら》経由の**肥前**《ひぜん》**山口**《やまぐち》－**諫早**《いさはや》間が全通するまで、大村線とペアで長崎本線を名乗っていたのだ。**早岐**の線形は**長**《なが》**崎**《さき》への道を優先してのことらしい。確かにこう考えると、**肥前山口**を出た佐世保線の線路がまっすぐ西に進むのに対し、後から敷設された長崎本線は左へ大きく曲がっていく。

武雄温泉から**永尾**《ながお》への急勾配も電車は軽々とクリアし、**上有田**《かみありた》を過ぎれば右手に窯元の煙突が見える。

［有田－三河内］817系は佐世保線にも進出

↘が，いかんせん鳥栖からの鹿児島本線が目いっぱい。同じ理由で「かもめ」の一部も併結に。3併結特急は12両となり，九州一の長大編成。多客期はさらに13両に。

［有田－三河内］「ハウステンボス」と「みどり」の併結特急が，夏の強い陽射しを受けて快走する

［有田］有田焼の玄関駅も特徴的

早岐から**佐世保**までの8・9キロは、その昔からずっと佐世保線。**大塔**《だいとう》、**日宇**《ひう》と、もう完全に佐世保の市街地で（**早岐**の手前、**三河内**《みかわち》から佐世保市に入っている）、高架駅が完成したJR九州の最西端駅、終点・**佐世保**に到着。左手に佐世保港が見える。

［北方－高橋］併結特急疾走。右側が「みどり」だが，普段は切妻の緑色の専用編成が走る

■「ハウステンボス」と「みどり」と「かもめ」＝「ハウステンボス」と「みどり」はそれぞれ1時間毎の運転。それが早岐から併結して博多へ。これをバラして運転すれば，30分毎で利用しやすくなるのだ↗

［千綿ー松原］おだやかな大村湾に沿って線路は続く。キハ66・67の快速「マリンライナー」

大《おお》村《むら》線《せん》

早岐ー諫早
営業キロ47・6
駅数13

早岐
ハウステンボス
南風崎
小串郷
川棚
彼杵
千綿
松原
竹松
諏訪
大村
岩松
諫早

早岐《はいき》の次、一駅間4・7キロだけ、電車特急「ハウステンボス」を通すため電化されている。川のような早岐瀬戸の向こう岸に、でっかい建物が見えてくれば、その名もずばり、**ハウステンボス**。

歴史ある元長崎本線だけに、この先、ゆったりと大村湾の海岸線沿いのルートを行く。

これでもかというくらいに海にベッタリで、それはそれは美しい車窓が、**小串郷**《おぐしごう》、**川棚**《かわたな》、**彼杵**《そのぎ》、**千**《ち》**綿**《わた》、**松原**《まつばら》と続いていく。

トンネルには普通その土地の地名などが付けられるが、「第11号トンネル」なんて命名されたものを発見。こうなると、1号から順番に名が付いていると想像がつく。明治の先人が無精《ぶしょう》したのか、もっと他に理由があったのか。

［ハウステンボス］「ハウステンボス」との顔合わせも今は昔

■「ながさき」号＝門司港22：40発，博多1：02発，早岐4：01着・4：18発，大村5：19発，長崎6：40着。併結の佐世保行きもあり，こちらは早岐4：33発で4：48には終着（1982年，上越新幹線開業の時刻表11月号から）。

[小串郷－川棚] 小さな漁港も点在する。2003年３月まで特急「シーボルト」が走っていた

長崎《ながさき》行き夜行鈍行「ながさき」号が**早岐**経由の大村線を走っていたのも過去の思い出。寝台車までついてたな。

キリシタン大名大村氏の城下町、今は長崎空港のある町・**大村**《おおむら》を過ぎ、右にまたチラと海を臨み、小さな峠を越えれば、左からまた急カーブで長崎本線が合流してきて、**諫早**《いさはや》。

[ハウステンボス] 白亜の駅舎

[千綿－松原] 大村湾の海岸線を忠実にたどる。大きなカーブを繰り返し，キハ200型が行く

[善導寺－筑後草野] 今では珍しくなったハゼ並木を突っ切って特急「ゆふ」が走り去る

久《きゅう》大《だい》本《ほん》線《せん》【ゆふ高原線《こうげんせん》】

久留米ー大分
営業キロ141・5
駅数36

- 久留米
- 南久留米
- 久留米大学前
- 御井
- 善導寺
- 筑後草野
- 田主丸
- 筑後吉井
- うきは
- 筑後大石
- 夜明
- 光岡
- 日田

鹿児島・日豊両本線を九州の縦軸の柱とすると、九州を横断する3本の路線がある。まずトップ・バッターは、超人気の湯布院町を通る久大本線。由布院《ゆふいん》へはリゾート特急「ゆふいんの森」が3往復走り、人気が高い。

久留米▼日田

久留米《くるめ》で鹿児島本線と分かれた線路は、大きく進路を東にかえる。筑後平野のど真ん中を快調にスピードを上げる。**田主丸**《たぬしまる》や**筑後吉井**《ちくごよしい》には、カッパ伝説や街道の古い町並が残る。右手には耳納《みのう》連山がずっとついてくる。植木栽培からブドウ、柿、梨の果樹園も続く。

[田主丸] カッパの顔が目を引く

[夜明] キハ125ローカル列車同士のすれ違い

■由布院と湯布院＝湯布院町は1955年，由布院町と湯平町との合併による町名で，駅名の他，由布岳，由布院盆地など多くの地名に「由」が残る。

［筑後大石－夜明］夜明ダム湖に沿って特急「ゆふいんの森」が駆け抜けていく

［うきは］左は新しい仲間，「ゆふ DX」。「ゆふいんの森」と行き違い

筑後大石《ちくごおおいし》の先で、初めて筑後川を渡る。ここから大分県。川の名が三隈《みくま》川と変わる。つまり、筑後川との出会いは最初で最後というわけ。

　右手に夜明ダム湖のカヤックなどを眺めるうちに、**夜明**《よあけ》で日田彦山線が合流。静かで花の美しい駅だ。**光岡**《てるおか》はちょっと読みづらい。

［筑後大石－夜明］沿線には柿木が目立つが，誰が植えたのかケシの花が可愛い

ご存じ水郷・**日田**《ひた》は、鵜飼いに船遊び、温泉に豆田《まめだ》町の古い町並にひな祭りと賑わう。

［豊後中川］ 今年も見事に山桜が咲いた。ここは通過駅だが，心なしかスピードが落ちたようだ

日田▼由布院

日田
豊後三芳
豊後中川
天ケ瀬
杉河内
北山田
豊後森
恵良
引治
豊後中村
野矢
由布院

さあ、ここからが問題だ。三たび、玖珠《くす》川と名を変えた渓谷を、**北山田**《きたやまだ》までに10回も鉄橋で渡るので、左右どちらに坐ればよいか？空いた列車なら、川を渡るたびに座席を替わって下さい。蛇行する川をかなり直線的に結ぶなと思ったら、意外に久大本線最後の工事区間が、ここ**日田**《ひた》－**天ケ瀬**《あまがせ》間だそうな。１９３４（昭和９）年開通だから、70年近く前だけれど。

天ケ瀬も温泉街。河原に作られた露天風呂は趣がある。

杉河内《すぎかわち》を出るとすぐ右手に慈恩《じおん》の滝《たき》が列車から見える。なかなか迫力があり、注目。次の**北山田**からも、停車中の車内から三日月滝が右手に見通せる。

玖珠盆地の**豊後森**《ぶんごもり》にはかつての扇状機関庫が残されているが、かなり痛みが激しい。次の**恵良**《えら》から**肥後小国**《ひごおぐに》へ向かう宮原《みやのはる》線が分岐していたが、もうその痕跡を探すのも難しくなってきた。

くじゅう山群への登山口だった**豊後中村**《ぶんごなかむら》も寂しくなって、看板特急「ゆふいんの森」は通過してしまう。

そしていよいよ列車は、久大本線の最高所駅、標高５４３メートルの**野矢**《のや》への長い登りにかかる。水分《みずわけ》峠へのアタック開始で、最高所６０７メートルの水分トンネルまで登り詰める。

トンネルを出れば、一転して下り坂。正面に由布岳が見えてくれば、標高４５３メートルの**由布院**《ゆふいん》。

［天ケ瀬－杉河内］ 玖珠川を渡る「ゆふいんの森」

■宮原線の廃止＝1984年12月１日，恵良－肥後小国間26.6キロ。

［豊後三芳－豊後中川］玖珠川を「ゆふ DX」が行く。あずき色は久大本線の新しいカラー

［杉河内］山峡の無人駅にも春が訪れた

［野矢－由布院］由布岳に初雪が舞い降りれば，
由布院盆地もそろそろ初冬の気配。温泉が恋しい

［引治－豊後中村］杉の美林のトンネ▶
ルから特急「ゆふ」が飛び出してきた

［由布院］ホームでの足湯

［由布院］夕暮れ時にさらに輝きを増す駅舎

[豊後中川－天ケ瀬] 沈下橋をまたいでキハ47ローカル列車がまた次の駅へと向かう

[引治－豊後中村] これぞ，日本の原風景。稲穂干しの行列の中，引退したお座敷列車が行く

［由布院－南由布］盆地の暑い夏。由布岳に入道雲が涌き上がり，今日も気温が上がりそう

由布院▼大分

後方の由布岳に見守られて**由布《ゆふ》院《いん》－南由布《みなみゆふ》**の間の由布院盆地は美しい。季節と時間、天候でいろいろな表情を見せてくれる、一番好きな所だ。トロッコ列車も走り出してまた一つ被写体が増えた。

分水嶺を越え、今度は大分川に沿って、桜の美しい湯布院町の**湯《ゆの》平《ひら》**に駆け下っていく。石畳と湯治場の風情の残る湯平温泉にファンが多いと聞く。

［鬼瀬－向之原］早咲きのツツジの隙間から
赤い気動車キハ200がヒョッコリ顔を出す

［由布院－南由布］菜の花のジュータン畑をソロリソロリとトロッコ列車が通り過ぎる

庄内《しょうない》、**豊後国分**《ぶんごこくぶ》と次第に列車の運転本数が増え、**大分**《おおいた》が近くなったことを知る。最初に開通したのは**大分**－**小野屋**《おのや》間の大湯《だいとう》鉄道で、1915（大正4）年。

「ゆふいんの森」キハ72の2往復は**由布院**で折り返してしまい、リニューアルされた元祖キハ71の1往復だけが、**別府**《べっぷ》まで足を延ばす。

［由布院－南由布］春爛漫。
キハ125がスピードを上げる

「ゆふ DX」パノラマ席は眺望抜群！

［原水－肥後大津］ 815系電車が満開の菜の花に包まれる。阿蘇路はこれから一番いい季節を迎える

豊《ほう》肥《ひ》本《ほん》線《せん》【阿蘇高原線《あそこうげんせん》】

熊本ー大分
営業キロ148・0
駅数36

熊本
平成
南熊本
新水前寺
水前寺
東海学園前
竜田口
武蔵塚
三里木
原水
肥後大津

熊本▼肥後大津

第二の横断線は、**熊本**《くまもと》から**肥後**《ひご》**大津**《おおづ》までの22・6キロが電化区間。一部を除いて電車が走る。

日中は**武蔵塚**《むさしづか》や**水前寺**《すいぜんじ》まで、鹿児島本線から特急「有明《ありあけ》」が毎時1本乗り入れ、熊本市民の乗り換えの不便を解消している。

ローカル電車には熊本地区と大分地区だけで見られる新型815系が活躍する。運転本数も多く、熊本近郊区間の足になっている。電車区間に対応するように、**平成**《へいせい》、**新水前寺**《しんすいぜんじ》、**東海学園前**《とうかいがくえんまえ》、**武蔵塚**《むさしづか》の新駅設置が相次いだ。

熊本を出た列車は、市街地の南縁をぐるりと回り込むようにして進む。**平成**の手前で渡る白川《しらかわ》の鉄橋は、電車区間最大の好撮影ポイント。近くに神社があり、広い河川敷には市街地とは思えない静かな風が吹いている。**三里木**《さんりぎ》からの肥後街道名残りの杉並木が見事で、また桜並木もあり、ここでも撮影者の姿をよく見かける。**肥後大津**までは旧街道に沿っていく。

［肥後大津］ 左から特急「有明」，気動車キハ200に電車815系

［熊本－平成］白川を渡る。電化以前はこうして電車をディーゼル機関車が牽いて水前寺まで走っていた

［三里木－原水］早春，沿線に水仙の花が咲き揃い，季節の移ろいを知る

［立野－赤水］ピンク色が鮮やかなコスモスの向こうにSL「あそBOY」

［阿蘇－いこいの村］SLの正面もかっこいい

肥後大津▼宮地

肥後大津以遠は、気動車だけの運転となる。

全線を走破する4往復の特急「九州横断特急」を除くと、ローカル列車は1－2時間に1本の運転になる。

しかし、車窓はこれからが本番。列車はいよいよ、**阿蘇**《あそ》に向かって登り始める。**瀬田**《せた》を過ぎると、さらに上り坂はきつくなり、阿蘇の外輪山の西はずれ、白川の谷が切り開いた**立野**《たての》の3段スイッチバックに到着する。

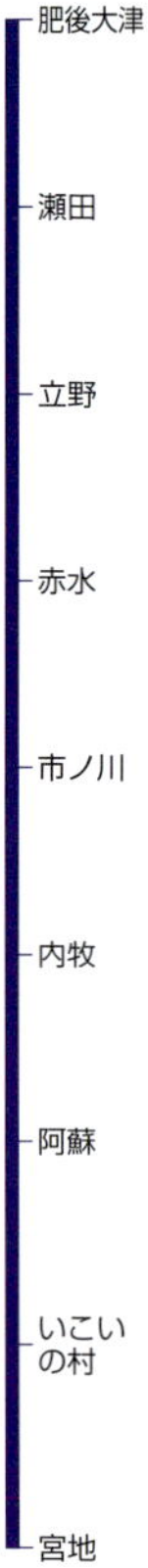

［立野ー赤水］SLの最大の見せ場。33パーミルの上り急勾配が10キロ近くも続く

スイッチバックとは、急勾配を一直線に登るのが苦手な鉄道のために考え出された方法。ジグザクに登ることで、勾配を緩和させることができる。ここ**立野**は特に規模が大きく、途中に踏切があるというのも全国唯一。

高い所から見ていると、まず前進してきた列車が**立野**に停車する。そして駅を発車した列車は後進して坂を登り、坂上の信号所に一旦停車。今度はまた前進して急坂を登っていく。特急列車も例外でなく、すべての列車がこの儀式を行うことになる。

九州唯一の現役SL・ハチロク

［宮地］ターン・テーブルで方向転換

「あそBOY」運転室。石炭を燃やしSLは走る

■あそBOY＝58654機は大正期の急行旅客用機関車で，晩年湯前線などでの活躍を最後に肥薩線矢岳駅に保存されていたが，1988年８月28日に復活し，豊肥本線熊本ー宮地間を主に走行。現役最古の蒸気機関車。

［立野－赤水］キハ185系特急「九州横断特急」。熊本－別府間160キロを約３時間で結ぶ

が引く「あそＢＯＹ」の絶好の撮影地でもある。この区間を通過するのに1時間近くかかるため、ここで、三度も四度も追っかけをするファンの姿をよく見かける。私も何度通ったことか。

赤水《あかみず》に近づくと、いよいよ阿蘇火山の中、阿蘇谷を走る。正確には阿蘇カルデラ、火口原の中だ。**宮地**《みやじ》まで15キロ近く。ここが遙か昔、火山だったという雄大なロマン。今はいくつもの町村があり、大勢の人々が火口原に暮らしているという不思議さ。

市《いち》**ノ川**《かわ》を過ぎれば、右手に今も活動している中岳を始め、阿蘇五岳が見える。車窓から見る大自然を味わうため、ぜひ一度は乗ってみたい山岳路線だ。列車に吹き込む高原の風が心地良い。

［立野－赤水］急勾配を上ると，ゆっくりと阿蘇五岳が近づいてくる

［市ノ川－内牧］阿蘇山に雪の季節が訪れた。火口原の里に初雪が舞うのも，もう間もなく

［立野－赤水］山の頂から見下ろせば，棚田を縫って敷かれた線路が手に取るように分かる

［阿蘇］10月に季節はずれのヒマワリが車窓に広がる

[豊後清川－三重町] 大野川の支流・奥嶽川を渡る。トンガリ屋根のトンネルがおもしろい

宮地▼大分

宮地《みやじ》から東の外輪山越えにかかる。次の**波野**《なみの》までは一番駅間の長い10・7キロ。西の**立野**《たての》に対し、こちらは山裾を大きく迂回して高度をかせぐ。火山灰のもろい地質で、度々災害に見舞われる区間でもある。外輪山を登り詰める左手車窓には阿蘇の絶景が広がる。

波野は海抜754メートル。JR九州一標高の高い駅。集落の数が減り、昼間も静まり返っている。

宮地から**豊後竹田**《ぶんごたけた》までは超閑散区間。朝の列車が発車すると、昼過ぎまで5時間以上も間が空く。この間34・6キロ、駅はわずか四つしかない。

「荒城の月」で有名な城下町・**豊後竹田**からは列車本数も回復し、**三重町**《みえまち》、**犬飼**《いぬかい》と次第にその本数を増やしていく。**中判田**《なかはんだ》まで来ると、もう大分の市街地で、1時間に2

宮地
波野
滝水
豊後荻
玉来
豊後竹田
朝地
緒方
豊後清川
三重町
菅尾
犬飼
竹中
中判田
大分大学前
敷戸
滝尾
大分

[豊後竹田－朝地] 春の訪れとともに沿線には至る所で花が咲き乱れる

［豊後竹田－朝地］竹田地方では石橋を数多く見かける。キハ200がヒョッコリ姿を現す

本以上の運転に戻る。大分運転所に出入りする電車のため、**滝尾**《たきお》の先、下郡《しもごおり》信号場から**大分**《おおいた》まで2・2キロだけ電化されている。

［波野］JR九州最高所駅。海抜754メートル。すれ違うキハ31と「九州横断特急」

［豊後竹田］列車が着くと「荒城の月」のメロディーが流れる

［網田－赤瀬］干潮時にはたくさんの砂の幾何学的紋様が現れる。有明海は遠浅の海

三《み》角《すみ》線《せん》

宇土ー三角
営業キロ25・6
駅数9

宇土
緑川
住吉
肥後長浜
網田
赤瀬
石打ダム
波多浦
三角

三角線の列車はすべて、**熊本**《くまもと》から発車する。朝夕を除いて、キハ31の単行（1両編成）ワンマンカーがほぼ1時間置きに走る。

宇土《うと》で鹿児島本線から分かれて、西へ一直線。**緑川**《みどりかわ》付近では真正面に山が見える。海の向こうの雲仙普賢岳が見えるのだ。**住吉**《すみよし》か**網**《おう》**田**《だ》で、上下列車が行き違う。

住吉を過ぎると、右手は有明海の入口、島原湾の岸辺に躍り出す。これが**肥後長浜**《ひごながはま》、**網田**と続く。

有明海は、言わずと知れた干満差日本一の海。潮が引くと美しい紋様が現れ、アサリ漁の軽トラックが海中道路を走る。

赤瀬《あかせ》の先で赤瀬トンネルへ。小さな峠をクリアして、今度は半島の反対側、八代湾側のモタレノ瀬戸に沿って終点・**三角**《みすみ》へ向かう。

三角は天草諸島の入口に当たり、目の前の三角港から島原外港へのフェリーを始め、小さな島を結ぶ渡船もある港町の終着駅。

［網田］朝の列車の編成は4両と3両。各駅でお客さんをひろう

［網田－赤瀬］島原湾の向こうに島原半島，雲仙普賢岳が一望できる。昼間はキハ31が１両ポッキリ

［赤瀬－石打ダム］赤瀬駅ホームからトンネルの先が見通せる

［肥後長浜］午後の時間がゆっくりと流れる

［三角］名物駅弁「鯛《たい》の姿すし」など▶

［八代－段］特急「くまがわ」を満開の桜が出迎える。「九州横断特急」と使用車両は同じ

- 八代
- 段
- 坂本
- 葉木
- 鎌瀬
- 瀬戸石
- 海路
- 吉尾
- 白石
- 球泉洞
- 一勝地
- 那良口
- 渡
- 西人吉
- 人吉

肥《ひ》薩《さつ》線《せん》【えびの高原線《こうげんせん》】

八代－隼人
営業キロ124・2
駅数28

最後の横断線・肥薩線もまたその昔、鹿児島本線を名乗っていた。1909（明治42）年の全通で、現在の日豊本線**隼人**《はやと》－**鹿児島**《かごしま》間と併せて、今の海沿いの鹿児島本線が開通する1927年まで、鹿児島本線だった。

この頃、**八代**《やつしろ》－**水俣**《みなまた》間が肥薩線、**水俣**－**鹿児島**間が川内線だった。

八代▼人吉

新生「肥薩おれんじ鉄道」が頭上の鉄橋で球磨川を渡っていくが、こちらは川の流れに身を任せ、球磨川の右岸を上流へと遡っていく。

日本で最初に撤去の結論が出た荒瀬ダムにより**葉木**《はき》、**鎌瀬**《かませ》付近はダム湖となっており、カヌーなどの練習が続く。

鎌瀬駅を出て、第一球磨川橋梁で線路は左岸へ移る。瀬戸石ダムの影響で**白石**《しろいし》付近まで流れは緩やか。本来の急流に戻るのは鍾乳洞観光で**大坂間**《おおさかま》の駅名から改称され

［瀬戸石－海路］球磨川に沿ってキハ185系「九州横断特急」が走る

■1121列車＝門司港23：30発，博多1：40発，八代5：34発，人吉7：37発，大畑8：03発，都城10：53終着（1968年「ヨンサントオ」時刻表10月号から）。

［吉尾－白石］年に数回，SL「人吉」号が熊本－人吉間に運転され，球磨川に沿った旅が楽しめる

［渡－西人吉］沿線に桜並木が続き，車内からも花見ができる

一勝地付近の急流を行く球磨川下りの舟が見える

た**球泉洞**《きゅうせんどう》より上流になる。川下りの下船場もここにある。

一勝地《いっしょうち》付近の急流は迫力満点。川下りは人吉と渡、渡と球泉洞の2コースあるが、こちらの方がすごそう。

渡《わたり》の手前で二度目の球磨川渡りをして、また右岸へ戻り、**人吉**《ひとよし》へ。ここまで、特急「くまがわ」・「九州横断特急」併せて、6往復が走る。

［大畑－矢岳］スイッチバックを行く「いさぶろう・しんぺい」号。ジグザグに前後進，上がループ線に続く

人吉▼吉松

途中に3駅だけ、しかし距離は35キロ。この線の難所中の難所の区間。

大畑《おこば》は日本で最初に造られたループ線とスイッチバックのある駅。SL時代は1121列車（↓80ページ）でよく通ったものだ。昭和40年代当時も乗客は少なく、混合列車と言って客車1両の後ろに貨車が連なり、それを前と後の2台のSLで運転していた。植林したてで遮る物のなかったループ線の頂上に立つと、爆煙を噴き上げる混合列車の奮闘が30分以上も見渡せ、その迫力にしびれたものだ。

30・3パーミルという急勾配を登り切ると、肥薩線最高所、536メートルの**矢岳**《やたけ》。駅横にこの線で活躍した蒸気機関車D51《デゴイチ》が保存されている。現在、豊肥本線を走るハチロクもかつてここに居た。

最大の難工事だった全長2096メートルの矢岳第一トンネルをくぐり終えると、左手に日本三大車窓に数えられる霧島連山とえび

人気の「いさぶろう・しんぺい」号は1日2往復の運転

■ループ線＝大きな円を描いて高低差を克服する方法。こうすることで勾配を緩和できる。大畑ループは現存する九州唯一。高低差38メートル。

［矢岳－真幸］霧島連山とえびの盆地の日本三大車窓

の盆地の絶景が広がる。

これらの眺望を楽しんでもらおうと、運転されているのが「いさぶろう・しんぺい」号。九州新幹線の開業を機に、中央展望スペースを備えた古代《こだい》漆《うるし》色のキハ140が新しく走り出した。指定席もついた。

幸福の鐘がある次の**真幸**《まさき》もスイッチバック駅になっており、**吉松**《よしまつ》への急坂を下っていく。県境地帯の山岳路線だけに、**矢岳**は熊本、**真幸**は宮崎、**吉松**は鹿児島と一駅ごとに所属県が違う。

［矢岳］駅前に保存されるかつて大畑越えに活躍したD51。管理が行き届いて今にも走り出さんばかりだ

［大畑］歴史を感じさせる水場

■「いさぶろう・しんぺい」＝開業時の逓信大臣山県伊三郎，鉄道院総裁後藤新平にちなむ。矢岳トンネルにはそれぞれの「天険若夷」，「引重到遠」の書がかけられている。

［表木山－日当山］「はやとの風」が軽快に駆け抜ける。ローカル気動車からの改造特急専用車

吉松▼隼人

山深いこの区間に**吉松**《よしまつ》－**鹿児島**《かごしま》**中央**《ちゅうおう》間を結ぶ2往復の特急「はやとの風」が誕生した。**栗野**《くりの》は、**水俣**《みなまた》への山野《やまの》線の元分岐駅。

開業百周年を迎えた**大隅横川**《おおすみよこがわ》と**嘉例川**《かれいがわ》には、明治の風格が残る古い駅舎が現存し、必見。

表木山《ひょうきやま》から**日当山**《ひなたやま》とぐっと勾配を下り込んで**隼人**《はやと》に。ここも日豊本線が左にカーブしながらこちら側に合流してくる形となっている。

吉松
栗野
大隅横川
植村
霧島温泉
嘉例川
中福良
表木山
日当山
隼人

［嘉例川－中福良］山峡を行く

［嘉例川］特急停車駅，満百歳

■「はやとの風」＝九州新幹線の開業に伴ってできた新しい特急。キハ140，147形で車両中央に木のベンチの展望席がある。

［えびの飯野－えびの上江］大きな落日が直線に延びた線路を照らす

［えびの－京町温泉］見下ろせば，山間に耕地が広がる

吉《きっ》都《と》線《せん》

都城－吉松
営業キロ61・6
駅数17

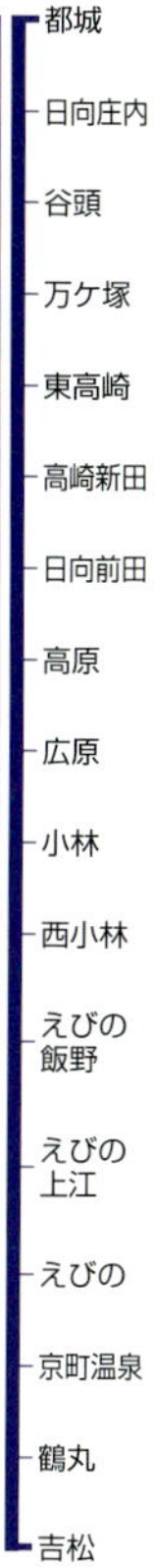

こちらもれっきとした由緒ある日豊本線を名乗っていた所。それが、今では**宮崎**《みやざき》への急行「えびの」もなくなり、11往復のローカル列車だけが走る支線に。左手に見える秀峰・高千穂峰などの霧島連山を車窓の友に、今日も一日、坦々とのどかな田園地帯の中を走り続けている。**都城**《みやこのじょう》、**小林**《こばやし》、**えびの**と宮崎県南の市の玄関駅が連なる。通学途中の素朴な高校生との会話が楽しい。**京町温泉**《きょうまちおんせん》も寂しくなった。この先、**鶴丸**《つるまる》との間で鹿児島県に入り、終着・**吉松**《よしまつ》。肥薩線と合流する。

吉松は、かつての鹿児島本線と日豊本線が交わる交通の要衝《ようしょう》。鉄道の町だった所。以前は吉松機関区もあり、ここのカマは美しく、人気があった。**吉松**に入る手前左手に、その当時の美しさを保ったC55型蒸気機関車が1両、大切に保存されている。

［えびの－京町温泉］吉都線は思いのほか一直線

■カマ＝SLのこと。機関助士のことを「カマ焚き」と言ったりした。

［新田原－築城］秋色の深まる木立の中，885系「白いソニック」が高速運転で通過する

- 小倉
- 西小倉
- 南小倉
- 城野
- 安部山公園
- 下曽根
- 朽網
- 苅田
- 小波瀬西工大前
- 行橋
- 南行橋
- 新田原
- 築城
- 椎田
- 豊前松江
- 宇島
- 三毛門
- 吉富
- 中津

日《につ》豊《ぽう》本《ほん》線《せん》

小倉－鹿児島
営業キロ462・6
駅数111

日豊本線は東側の大動脈。九州一の長大路線でもある。だが、今では全線を直通する列車は1本もない。この線は、大きく分けて四つの性格を持っている。

小倉▼大分

日豊本線の旅は、**小倉**《こくら》から始まる。800メートル先の**西小倉**《にしこくら》まで鹿児島本線と並走し、大きく左へカーブする。**南小倉**《みなみこくら》を出ると右側に、JR車両の検査・修理基地・小倉工場が広がる。北九州モノレールの線路をくぐれば**城野**《じょうの》。日田彦山線乗り換え。

この区間の花形はなんと言っても特急「ソニック」。**博多**《はかた》から**小倉**でスイッチバックし、**大分**《おおいた》とを結んでいる。1時間に2本の割で運転され、元祖883系と「白いソニック」と呼ばれる885系の2種類を使用。どちらも振子機能があり、**小倉－大分**間で最速の表定速度104・9キロと高速運転。

北九州市域はさすがに窮屈そうだが、**下曽根**《しもそね》を過ぎた辺りから、がぜん猛ダッシュ。**行橋**《ゆくはし》までの25キロを14分。**豊前松江**《ぶぜんしょうえ》で左手にチラッと海が見えたと思ったら、山国川を渡って大分県の**中津**《なかつ》に到着。51・8キロ、31分。

［中津］大分県最初の停車駅は高架駅

■ USA ＝宇佐駅のローマ字表記。アメリカ合衆国？　もう一つ九州に北米の国が。金田と書いて「カナダ」と読む。こちらは平成筑豊鉄道に。

[中山香－杵築] 妖艶な枝垂れ桜と桜並木の横を485系特急「にちりん」が高速通過

中津
東中津
今津
天津
豊前善光寺
柳ケ浦
豊前長洲
宇佐
西屋敷
立石
中山香
杵築
大神
日出
暘谷
豊後豊岡
亀川
別府大学
別府
東別府
西大分
大分

「USA」宇佐《うさ》を通過するソニックすらある。

大分まで全線複線と言いたいところだが、立石《たていし》－中山香《なかやまが》間5・2キロ、杵築《きつき》から大神《おおが》をはさんで日《ひ》出《じ》の8・0キロが単線で残っている。撮影する側からすれば障害物がなくて嬉しいが、運転関係者には苦労も多かろう。

日出から完全な大分圏で、湯の街・別府《べっぷ》に。東別府《ひがしべっぷ》から西大分《にしおおいた》にかけての別府湾もよし！ 日豊本線最初の潮風の区間を快調に走る。

[豊前長洲－宇佐] こちらは883系「ソニック」

[天津－豊前善光寺] ボンネット型485系の「にちりん」。この先頭車は今はもうない

［杵築－大神］寝台特急「富士」は東京－大分間の運転。「はやぶさ」との併結で6両の短い編成に

左：883系グリーン車にある展望デッキ
右上：［東別府－西大分］高崎山付近では海鳥が風とたわむれる
右下：883系「ソニック」車内。背もたれがミッキーマウスの耳みたい

■東別府－西大分＝別大マラソンでおなじみのこの区間，別府湾に沿って走るが，線増の関係で下り線の方が見晴らしがいい。上り線は新しくて，トンネルが多い。

［杵築－大神］すべての光を反射させる純白もまた強烈な印象。885系「白いソニック」の春

［中山香－杵築］883系もまた振子式特急電車でカーブを高速で通過することができる

[北川－日向長井] 国鉄色に戻された485系特急「にちりん」が北川を渡る

大分▼延岡

ここからは宮崎空港方面行き特急「にちりん」に主役交代。**別府**《べっぷ》始発の「にちりん」が増えた。

久大本線に続いて豊肥本線が分かれていき、この先は終点・**鹿児**《かご》**島**《しま》までずっと単線。**坂**《さか》**ノ市**《いち》までは完全に大分都市圏で、次の**幸崎**《こうざき》で折り返す普通電車も多い。石仏の**臼杵**《うすき》、セメント工場の目立つ**津久見**《つくみ》も過ぎ、これまでも少しは見えていた海が、すぐそばにやって来る。JR九州最東端駅の**浅海井**《あざむい》辺りから、佐伯湾のリアス式海岸の絶景が続く。漁村と入江のコントラストに目を奪われる。

佐伯《さいき》を過ぎれば、日豊本線の最大の隘路《あいろ》・宗太郎越えがひかえている。**重岡**《しげおか》が最高地点で、標高２２０メートル。両側ともかなりの急勾配と急カーブが続く。森閑とした**宗**《そう》**太郎**《たろう》を過ぎて、ついに宮崎県に入る。佐伯－延岡間では極端にローカル電車の運転本数が減り、6時過ぎの発車の後は、17時台、なんと11時間もない。

大分
牧
高城
鶴崎
大在
坂ノ市
幸崎
佐志生
下ノ江
熊崎
上臼杵
臼杵
津久見
日代
浅海井
狩生
海崎
佐伯
上岡
直見
直川
重岡
宗太郎
市棚
北川
日向長井
北延岡
延岡

[津久見－日代] 船溜まりを横目に815系が行く

■別府始発「にちりん」＝別府駅で「ソニック」と同じホームで乗り換え可

［浅海井－狩生］漁村を一直線に貫く。佐伯始発の「白いソニック」が２本だけ運転されている

上：［重岡］山間の駅にも小さなドラマが
下：［臼杵］ホームや駅前では石仏像が所在地を示す

［宗太郎－市棚］３両編成の485系「にちりん」は別府行き

［川南－高鍋］「にちりん」はまさに海を渡る。海原では大型フェリーが行き交っている

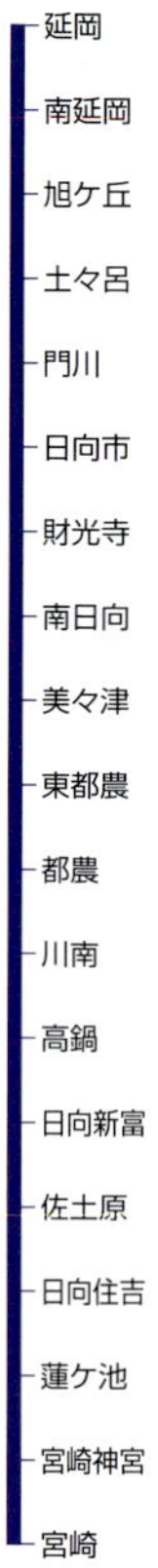

延岡▼宮崎

延岡《のべおか》から特急「ひゅうが」が〝戦列〟に加わる。ここから**宮崎**《みやざき》まで高速化工事が完了しているので、特急列車のスピードが最高速度110キロと上がる。**土々呂**《ととろ》は鉄道駅のトトロ。バス停のトトロは**重岡**《しげおか》から山中深く分け入った所。**日向市**《ひゅうがし》の先には、海の見える二つのハイライトがひかえる。

南日向《みなみひゅうが》を過ぎて左手眼下に見えていた海岸線だが、岬を回り込んで大きくカーブすると、列車は降下し水辺へと近づく。神武《じんむ》天皇がこの地から船出したとの伝説も残る耳川河口を、列車たちは幾分スピードを落として渡る。

その昔、美々津県庁があったという由緒正しい、その名も美しい**美々津**《みみつ》を過ぎてもチラチラしていた海だが、**川南**《かわみなみ》の先、**高鍋**《たかなべ》に到着する寸前が、次の山場。今度は小丸川河口を渡るのだが、左手に日向灘が窓いっぱいに広がり、それはもう太平洋そのもの。遮るものがないので、まるで海の上を走っているかのような感覚だ。

［川南］おしゃれな駅

［南日向－美々津］耳川を行く。漁港では網の手入れ

［南日向－美々津］特急「ひゅうが」が耳川鉄橋へ

［財光寺－南日向］ローカルの主役は475系

［南日向－美々津］耳川の鉄橋は大きく孤を描いてカーブしている。「ひゅうが」の轟音がこだまする

[田野－青井岳] 山里の実りの秋。頭上をローカル電車がよぎっていく。青井岳越え

宮崎
南宮崎
加納
清武
日向沓掛
田野
青井岳
山之口
餅原
三股
都城
西都城
五十市
財部
北俣
大隅大川原
北永野田
霧島神宮
国分
隼人
加治木
錦江
帖佐
姶良
重富
竜ケ水
鹿児島

宮崎▼鹿児島

南国の青空に映える超モダンな高架駅・**宮崎**《みやざき》を後にして、大淀川を渡れば**南宮崎**《みなみみやざき》。日豊本線を下って来た列車は、ほとんどが宮崎空港線に向かう。

そして次の主役が、**宮崎**と**西**《にし》**鹿**《か》**児**《ご》**島**《しま》を結ぶ特急「きりしま」。これからも二つの峠が立ちはだかる。電車は軽々と峠をクリアしてゆくが、まずは青井岳越え。風景は昔のSL時代のまま。県南の中心・**都城**《みやこのじょう》で吉都線を右に分け、次の**西都城**《にしみやこのじょう》では廃止された**志布志**《しぶし》への志布志線が左に分かれていた。**五十市**《いそいち》を過ぎて、いよいよラストの鹿児島県に入る。

北永野田《きたながのだ》の手前で最後の峠を越え**霧島神宮**《きりしまじんぐう》へ。霧島連峰に見送られて、廃止された大隅《おおすみ》線が分岐していた**国分**《こくぶ》へ。ここから列車本数も増え、もう鹿児島の衛星都市。

隼人《はやと》で肥薩線の列車を集め、**錦江**《きんこう》、**姶良**《あいら》は新設駅。

重富《しげとみ》・**竜ケ水**《りゅうがみず》と鹿児島の象徴・桜島が錦江湾越しに出迎えてくれる。次が終点・**鹿児島**だが、現在、日豊本線からの列車でここを起終点にしている列車は1本もない。

[宮崎] 斬新なデザインの駅舎にパーム椰子。埴輪が一緒にお出迎え

■志布志線の廃止＝1987年３月28日，西都城－志布志間38.6キロ。
■大隅線の廃止＝1987年３月14日，志布志－国分間98.3キロ。

[竜ケ水－鹿児島] 鹿児島のシンボル・桜島が間近に迫る。錦江湾でイルカにも出会った

[宮崎－南宮崎] 大淀川を渡る「きりしま」。フェニックスが南国を物語る

[重富]「また明日ネッ」

[霧島神宮－国分]「きりしま」は鹿児島中央と霧島神宮間で増発され，ほぼ1時間置きの運転に

[油津ー大堂津] 日南海岸を行く。沖合には七ツ八重。日向灘へと視界が広い

日《にち》南《なん》線《せん》

南宮崎―志布志
営業キロ88・9
駅数28

南宮崎
田吉
南方
木花
運動公園
曽山寺
子供の国
青島
折生迫
内海
小内海
伊比井
北郷
内之田
飫肥
日南
油津
大堂津
南郷
谷之口
榎原
日向大束
日向北方
串間
福島今町
福島高松
大隅夏井
志布志

「日南線」と言うからには、ずっとあの紺碧の日南海岸に沿っていくのかと思えば、さにあらず。**南宮崎**《みなみみやざき》の次の**田吉**《たよし》までのちょうど2キロは、空港線への電車運転のため電化されている。ただ、以降は非電化のため、日南線の全列車はディーゼルカー。

宮崎軽便鉄道、後の宮崎鉄道が敷設した**南宮崎―内海**《うちうみ》間では、海は全く見えない。**子供**《こども》**の国**《くに》や**青島**《あおしま》も海岸線から離れていて、内陸部を進む。日南名物・鬼の洗濯板と呼ばれる波状岩が見られるのも**内海**から**小内海**《こうちうみ》、**伊比井**《いびい》にかけてくらい。それもトンネルが断続するので、眺望はその度に分断される。

さらに**伊比井**から山深い峠越えになる。日南線にこんなに長いトンネルがあるのかと思わせる、全

[大堂津ー南郷] 日南線色に装ったキハ40が南郷川鉄橋を渡る

［内海－小内海］快速「日南マリーン」号。残念ながら停車駅が通過駅より多い

［北郷］ログハウス駅舎もカッコイイ

［志布志］終点，行き止まり

長3660メートルの谷の城トンネルを抜ければ、北郷《きたごう》から広渡川に沿って飫肥《おび》へ下っていく。周りの飫肥杉が美しい。

飫肥は伊東氏の城下町。古い町並が大切に保存されている。次第に日南市の市街地となり、**日南**《にちなん》、**油津**《あぶらつ》と続く。

ここからがこの線の最大の見せ場。**大堂津**《おおどうつ》までの隈谷川橋梁は海の上。左手の沖合に七ツ八重《ななばえ》の奇岩群。**南郷**《なんごう》までに渡る鉄橋は撮影にはもってこい。海はもはや、日南海岸と言うより、日向灘の広がりを持つ。

線路はまた内陸へ入り、野生馬のいる都井岬《といみさき》への半島の付け根を横断して**串間**《くしま》へ。再び海に会えるのは、終点間近の**大隅夏井**《おおすみなつい》付近まで行かねばならない。こちらは志布志湾。

可愛い駅舎がポツンと建つ終着駅・**志布志**《しぶし》は、今でこそ行き止まり駅だが、志布志線、大隅線が廃止されるまでは一大ジャンクションだった所。機関区もあった広大な跡地に立つと、ちょっぴり感傷的になる。兵《つわもの》どもが夢の跡……。

［油津］カツオのモニュメントが示す通りここは漁の街

[油津－大堂津] 朝日をいっぱいに受け，朝の通勤・通学列車が鉄橋を渡っていく

[小内海－伊比井] 海を見通せる所は意外に少ない

[油津－大堂津] 光る海に列車の
シルエット。これまた美しい

[大堂津－南郷] 大堂津港越しに
南郷川鉄橋が見える

［田吉－宮崎空港］滑走路のすぐ脇を高架線で越える。宮崎だけで見ることができるサンシャイン

宮《みや》崎《ざき》空《くう》港《こう》線《せん》

田吉－宮崎空港
営業キロ１・４
駅数２

田吉
宮崎空港

１９９６年開業はＪＲ九州で二番目に新しい路線。日南線**田吉**《たよし》から分岐して、高架線をグーンと１・４キロ走ったら、もう次は終点の空港連絡線。ＪＲ九州最短。

それまで、日南線のすぐ左手に宮崎空港の滑走路が見えているのに、駅すらなく、日南線は空港を無視していた。分岐の**田吉**も空港線の開業時に新設された新駅。

延岡方面からの特急もほとんどが乗り入れ、空港利用者の便を図っている。そして、特例として**宮**《みや》**崎**《ざき》－**宮崎空港**《みやざきくうこう》の間は、特急料金なし、乗車券のみで普通車自由席に乗車できる。ただし、その代わりと言ってはなんだが、**田吉**－**宮崎空港**間は普通運賃に加算運賃１２０円がプラスされる。

［宮崎空港］モダンな造形は空港駅のシンボル

［宮崎空港］特急「にちりん
シーガイア」と顔合わせ

［瀬々串－中名］ 錦江湾と遠くに桜島。黄色の「なのはな」塗色と赤のキハ200型が走る

指宿枕崎線《いぶすきまくらざきせん》

西鹿児島－枕崎
営業キロ87・9
駅数36

西鹿児島
郡元
南鹿児島
宇宿
谷山
慈眼寺
坂之上
五位野
平川
瀬々串
中名
喜入
前之浜
生見
薩摩今和泉
宮ケ浜
二月田
指宿
山川

西鹿児島▼山川

JR線の旅もついに終章。最南端の旅へ、出発進行！

坂之上《さかのうえ》までは完全に鹿児島市の住宅街で、**郡元**《こおりもと》、**宇宿**《うすき》、**慈眼寺**《じげんじ》と駅の新設も相次いだ。**谷山**《たにやま》まで鹿児島市電も寄り添っている。

平川《ひらかわ》までの鹿児島市域を抜けるのを見計らったように、突然左側に錦江湾《きんこうわん》が現れる。左手後方には桜島が行ってらっしゃいと見送っている。**喜入**《きいれ》では一旦内陸へ入るが、また**前之浜**《まえのはま》から**薩摩今**《さつまいま》**和泉**《いずみ》にかけて海が寄り添う。そして砂蒸温泉の**指宿**《いぶすき》に到着。ここも温泉の豊富な所で、一般家庭にまで温泉が引かれているというのが、うらやましい。

快速「なのはなDX《デラックス》」にはデラックス車両が連結されるようになり、快適な旅がまた一つ増えた。

指宿から右へ大きく直角に方向を転じれば、左手に山川港の海がドーンと広がる。ほとんどの列車が折り返してしまう次の**山川**《やまかわ》は、火口が没し、そこへ海水が流れ込んでできた天然の良港に面する鰹節の町の駅。

上：［指宿］「なのはな DX」には指定席車が連結され，パノラマ席からの景色が良い
下：［指宿］リニューアルで装いも新た

［大山－西大山］開聞岳の懐は温暖な気候を利用しての野菜畑が一面に広がる

山川▼枕崎

大山《おおやま》を発車すると、前方に百名山にも数えられる秀峰・開聞岳《かいもんだけ》の偉容が現れる。「薩摩富士」とも称せられる独立峰で、ほんとうにきれいな円錐形をしている。この後しばらく、左から後方へとよい道標《みちしるべ》になってくれる。

次の**西大山**《にしおおやま》が日本の鉄道の最南端、だった。沖縄モノレールの開業で、ついにこの長いこと保持し続けたタイトルを返上。だが、今でもJR最南端駅には変わりない。**山川**《やまかわ》までの路線は1936年までに開通していたが、ここ以遠はかなり新しく、**西頴娃**《にしえい》までは1960年、**枕崎**《まくらざき》まで全通したのは1963年と若い線なのだ。

枕崎では鹿児島本線**伊集院**《いじゅういん》とを結んだ鹿児島交通南薩線に接続し、薩摩半島一周線を形成していたが、相方の廃止で、ほんとうの最果て、終着駅となってしまった。**枕崎**駅舎は鹿児島交通の持ち物と聞いたことがあるが、現在もそのままなのだろうか？

- 山川
- 大山
- 西大山
- 薩摩川尻
- 東開聞
- 開聞
- 入野
- 頴娃
- 西頴娃
- 御領
- 石垣
- 水成川
- 頴娃大川
- 松ケ浦
- 薩摩塩屋
- 白沢
- 薩摩板敷
- 枕崎

［開聞］コスモス畑に朝の列車が到着

[薩摩川尻] 薩摩富士の向こうに日が落ちた

[西大山] ＪＲの日本最南端駅

[枕崎] 終着駅はホームも線路も１本きり

[石垣－水成川] 西日を追いかけて終着を目指す

その他の鉄道全路線

＊本文中の駅数のカウントは、各路線の起点から終点までのすべてを数えていますので、重複駅があり、鉄道各社発表の総駅数と一致しません。
＊交通機関名で分かりやすくするため正式名称を用いていない所があります。この場合、社名も併記しました。
＊路線名は正式名称を使用していますが、愛称の付けられている路線は【】書きで添えました。
＊鉄道用語などの解説や豆知識をページ下部に記載しました。
＊写真・解説とも2005年3月末の現状で記していますが、一部、過去の列車など現在無くなった車両も登場します。

［西鉄平尾－高宮］マンション群で新しい風景

［西鉄福岡］駅改札は２階へ

［西鉄福岡］出発を待つ8000系特急

西鉄大牟田線《にしてつおおむたせん》

西鉄福岡（天神）—大牟田
営業キロ74・8
駅数48

西鉄福岡（天神）／薬院／西鉄平尾／高宮／大橋／井尻／雑餉隈／春日原／白木原／下大利／都府楼前／西鉄二日市

西鉄福岡（天神）▼西鉄二日市

正式名称「天神大牟田本線」の名が示す通り、西鉄大牟田線は、九州一の繁華街・天神のど真ん中から出発する。駅ビルにはバスセンターも併設され、天神の一大ターミナルとして終日賑わっている。唯一、「**福岡**《ふくおか》」駅を名乗る。

次は**薬院**《やくいん》。地平にあった頃、今はなき福岡市内電車と平面交差していた思い出も今は昔。高架化され、全電車停車の駅に昇格し、もう一つのターミナルに生まれ変わった。

西鉄平尾《にしてつひらお》、**高宮**《たかみや》と、これまでも住宅街に変わりはなかったが、高層マンションの林立で沿線風景は確実に変わった。

急行停車駅・**大橋**《おおはし》で大勢の人が下車し、ここまで続いた高架から地上に降りると、チラホラと緑の田んぼが見えてきて、車内も一息つく。しかし、**西鉄二日市**《にしてつふつかいち》までは大牟田線でも特に利用客が多い所で、急行停車駅の**春日原**《かすがばる》、**下大利**《しもおおり》だけに限らず、**井尻**《いじり》、**雑餉隈**《ざつしょのくま》などの各駅も乗降が多い。

朝の上りだけだが優等列車17本に九州唯一の女性専用車が走るなど、その混雑ぶりを物語る。

［薬院－西鉄平尾］さよなら1000系

■1000系＝先々代の特急用車で，2001年限りで廃車となる。晩年は普通電車用に改造されていたが，最後の１本が旧特急色に復元され，運転された。

[大橋－井尻] 那珂川を特急電車６連が渡る。福岡天神－大牟田を１時間と１分で結ぶ

[雑餉隈－春日原] 住宅街の一角の桜並木は今年も見事な花を咲かせた

［味坂－宮の陣］特急快走。花のある風景は実によいものだ。のびやかな気持ちにさせてくれる

西鉄二日市▼西鉄久留米

朝倉街道《あさくらがいどう》、**筑紫**《ちくし》、**津古**《つこ》、**西鉄小郡**《にしてつおごおり》とまだまだ住宅街が続く。30分毎の特急に加え、**西鉄二日市**《にしてつふつかいち》から先へも平均10分毎に、日中も特急、急行電車が発車してゆく。

西鉄小郡で折り返す電車があるので、この先が**西鉄久留米**《にしてつくるめ》までで一番運転本数の少ない区間となるが、**端間**《はたま》の先で電車は一面の水田地帯に飛び出す。特に**味坂**《あじさか》前後の広々とした風景は好撮影地で、車窓に四季を感じる。沿線に菜の花が咲き、青かった麦が麦秋へ。水田に水が張られ、入道雲が去り、黄金色の実りの時を迎える。やがて収穫の終わった田んぼに稲藁《いねわら》焼きの煙が流れる。

宮の陣《みやのじん》で甘木線の電車と合流し、筑後川を渡ると、**櫛原**《くしわら》の先で高架に上がり、すべての電車が止まる拠点駅・**西鉄久留米**に到着する。

［味坂－宮の陣］一代前の特急車。現在もたまに特急に使われる

8000系車内。座席三つ分の広い窓が特徴

■「直行」＝西鉄独自の種別で，以前ノン・ストップだったことから命名。二日市行き直行が3本運転され，途中，薬院に停まるだけの二日市行き特急みたいな性格。その後，筑紫車庫へ回送される。

［端間－味坂］広大な水田地帯を行く2000系急行。大きな空が気持ちいい

［味坂－宮の陣］牛の飼料になるのだろうか，どこか北海道を連想する

■西鉄大牟田線の列車種別＝特急，急行，普通の他，平日朝上りのみの「快速急行」，朝下りのみの「直行」がある。「急行」にも行く先によって停車駅が異なるものがある。これらすべて料金不要。

[中島信号所] 400メートル先の西鉄中島に交換設備が作れないので，西鉄唯一の信号所が設置された

西鉄久留米▼大牟田

試験場前《しけんじょうまえ》までずっと続いてきた複線区間が、ここから単線に。**大《だい》善寺《ぜんじ》**からまた複線に復帰するが、この先にも終点・**大牟田《おおむた》**まで一部単線区間が混在している。昼間、完全に30分毎にネットダイヤ化された特急電車が、うまくこれらの複線区間ですれ違うダイヤには、いつも感心させられる。特急料金不要のクロスシート車８０００系の快適さとともに。

日中は急行が**花畑《はなばたけ》**で折り返し、**大善寺**以南は普通電車も30分毎の運転となるが、特急の停車駅**大善寺**、**西鉄柳川《にしてつやながわ》**とも普通電車に連絡し、乗り換えの便はいい。普通電車は甘木線からの乗り入れで、２両編成のワンマン運転となっていることも特徴。

水郷・**西鉄柳川**を出て三つ目、**西鉄中島《にしてつなかしま》**の直後に渡る矢部川鉄橋も味わいがある。有明海へと通ずる川面にたくさんの小船が浮かび、海が近いことを知る。

東甘木《ひがしあまぎ》辺りからJR鹿児島本線と並走するようになり、そのまま終点・**大牟田**へと続く。

西鉄久留米
花畑
試験場前
津福
安武
大善寺
三潴
犬塚
大溝
八丁牟田
蒲池
矢加部
西鉄柳川
徳益
塩塚
西鉄中島
江の浦
開
西鉄渡瀬
倉永
東甘木
西鉄銀水
新栄町
大牟田

[西鉄柳川] 水郷柳川への入口らしく噴水の出迎え

[大牟田] 終点。線路は３本ある

■クロスシート＝進行方向に向かって坐れる座席。これに対し，主力の通勤型5000系などは横長でロング・シートと呼ぶ。8000系にはドア付近に横座りシートがあるので，正確にはセミクロス車になる。

［津福－安武］市民に貸し出される畑に季節の花が。昼間は大善寺まで特急１に普通２が，30分毎に繰り返す

［西鉄中島－江の浦］矢部川が菜の花畑に彩られる頃。河岸に漁船が揺れ，一瞬の通過だが心がなごむ

［西鉄二日市－西鉄五条］筆者自宅からの眺め。太宰府の街の向こうに宝満山。毎日同じリズムを刻む

西鉄太宰府線《にしてつだざいふせん》

西鉄二日市ー太宰府
営業キロ2・4
駅数3

西鉄二日市
西鉄五条
太宰府

太宰府線はわずか2・4キロ。全線単線で、途中で行き違いのできる**西鉄五条**《にしてつごじょう》の一駅があるのみ。ルーツは1902（明治35）年開業の太宰府馬車鉄道にあるというから、歴史は古い。大牟田線の全通は1939年というので、なかなかのものである。

太宰府《だざいふ》と言えば太宰府天満宮。正月三が日の臨時急行「初詣号」の運転に続き、学問の神様にあやかり、受験シーズンと梅が開花する3月の休日にも臨時電車が走り、大勢の参拝客で賑わう。

また、日頃はというと、多数の大学や高校があり、福岡のベッドタウンとしての通勤輸送だけでなく、**太宰府**への通学客も多く、双方向への輸送が成り立っていることも特徴。このため、朝のみだが**太宰府**行き急行があったり、朝夕、下校時など、1時間に6本の電車が運転される。線内折り返し運転の他、1時間に2本の割合で、**福岡**《ふくおか》（**天神**《てんじん》）と直通運転する時間帯もある。

［西鉄二日市－西鉄五条］
朝限定使用の特急車

［太宰府］今朝も大学生の到着

■太宰府線の8000系＝特急専用車の造りで二つドアのため（他の通勤車は3－4ドア），朝のラッシュ時などは太宰府線内で限定して使われ，この後に特急運用に就くという定期ダイヤが組まれている。

［本郷－上浦］甘木線は30分毎に電車がやって来る。新鋭7000系はワンマン２両運転。あと600系もある

西鉄甘木線《にしてつあまぎせん》

宮の陣－甘木
営業キロ17・9
駅数12

宮の陣
五郎丸
学校前
古賀茶屋
北野
大城
金島
大堰
本郷
上浦
馬田
甘木

甘木線の電車は、**大牟田《おおむた》**から大牟田線を上ってきて、**宮の陣《みやじん》**の手前で下り線をまたぎ、一番右端の甘木線専用ホームに進入する。甘木線は大牟田線に対して直角に分かれていく形となるので、大牟田線下りホームと一対になった形は扇形で、特徴ある姿になっている。

30分毎の発車は下り急行とうまく連絡する。全線単線で、朝夕のみ電車がすれ違う**学校前《がっこうまえ》**、昼間は同じパターンを繰り返す**北野《きたの》**、**本郷《ほんごう》**の三つの交換駅がある。

あとは簡素なホームが一本きり。ワンマン電車が2両編成で往き来している。地図で確認すると、路線が北東方面へ延びていることが分かる。天神へ向かうにはV字に迂回しているので不便に思うが、この甘木線の前身が、**甘木《あまぎ》**から**久《く》留米《るめ》**を通って、八女の**福島《ふくしま》**まで行っていた三井電気軌道だと分かると納得する。

小さな集落を結び、筑後平野の田園地帯を走る静かなローカル線の風情だが、**北野**のコスモス街道の季節に運転される「コスモス号」はよい被写体でもある。

［北野－大城］
先代200系は引退

［金島－大堰］小石原川に沿うように北へ針路を取る

［三苫－西鉄新宮］沿線は宅地化が進んでいるが，ほんの一部残る切通しを行く大牟田線からの転入車313系

西鉄宮地岳線《にしてつみやじだけせん》

貝塚－津屋崎
営業キロ20・8
駅数16

貝塚
名島
千早
香椎宮前
西鉄香椎
香椎花園前
唐の原
和白
三苫
西鉄新宮
古賀ゴルフ場前
西鉄古賀
花見
西鉄福間
宮地岳
津屋崎

地上に上ってきた地下鉄を降りると、同じ駅ビルの中に、地下鉄と宮地岳線の改札口が連続したように見える。両線の直通運転の検討がなされているが、**貝塚**《かいづか》の造りだけ見ると、すぐにもこの計画が実現できるようにも思える。

電車は、宮地岳線の車庫の脇を通ってすぐに、多々良川を渡る。川幅いっぱいのアーチ橋には趣があり、この線の歴史を感じる。

名島《なじま》、**千早**《ちはや》、**香椎宮前**《かしいみやまえ》と福岡市東区の住宅街を貫いてゆく。古くからの遊園地のある**香椎花園前**《かしいかえんまえ》を過ぎ、同じ博多湾鉄道の手で建設されたＪＲ香椎線が寄り添ってくると**和白**《わじろ》。一昔前までは田んぼの中だった**三苫**《みとま》までも宅地化され、朝夕ここで折り返す電車もある。

西鉄新宮《にしてつしんぐう》からは松林の中を走り、海の近さを実感する。内陸のＪＲ鹿児島本線よりかなり海側を走る路線だが、残念ながら海は望めない。**西鉄古賀**《にしてつこが》から先、**西鉄福間**《にしてつふくま》、**宮地岳**《みやじだけ》と集落を縫うように進む。住宅街の一角にポツンと終着駅・**津屋崎**《つやざき》駅は存在する。

［津屋崎］海の少し前で線路は途切れる

[貝塚－名島] 多々良川のアーチ橋は今ではすっかり周りの風景に溶け込んでいる。３両と２両編成がある

[唐の原－和白] 奥の一段高い線が香椎線。300系は運転席がリニューアルされ美しく甦った

■千早＝高架工事が完成し，ＪＲ千早駅の隣に併設となる。旧名香野駅と旧線は南側へ移設されている。

［小倉ー平和通］小倉祇園太鼓に見送られて小倉駅ビルの4階から出発。次は向こうの線路にやって来る

北九州都市《きたきゅうしゅうとし》モノレール

北九州高速鉄道

小倉ー企救丘
営業キロ8・8
駅数13

小倉 ― 平和通 ― 旦過 ― 香春口三萩野 ― 片野 ― 城野 ― 北方 ― 競馬場前 ― 守恒 ― 徳力公団前 ― 徳力嵐山口 ― 志井 ― 企救丘

北九州モノレールは開業当初、現在**平和通**《へいわどおり》と名乗っている所が始発駅であった。**小倉**《こくら》の次、その距離わずか400メートルではあったが、JR線から乗り換えるのに旧電車道の大通りを渡らねばならず不便だった。

それが、**小倉**駅ビルの完成で、モノレールも晴れて延伸され、正真正銘の**小倉**駅から出発できることになった。改札口はJRの改札のさらに1階上にある。

ビルの一角にポッカリと穴が空き、モノレール車両が発着していく様は、新しい小倉の景観になった。全線が複線で左側通行しているのだが、先の増設工事の関係で**平和通**の先にしかポイントがなく、**平和通**から左側を走ってきた列車は**小倉**で折り返すとそのまま右側通行。**平和通**の先のポイントを渡って左側通行に戻る運転も面白い。**小倉**と**平和通**の間は交互に右、左の線路に列車を振り分け使用している。

旦過《たんが》市場をかすめ、**香春口**《かわらぐち》**三萩**《みはぎ》**野**《の》から国道322号線に沿って南下。**片野**《かたの》の先でJR日豊本線をまたぎ、**城野**《じょうの》へ。JRの**城野**と同名だが、両駅間はかなり離れている。**徳力嵐山口**《とくりきあらしやまぐち》で突然、左へ90度の大カーブ。今度は真東の方向へ。この付近まで来ると丘陵地に緑が増し、郊外の住宅街の様相。**志井**《しい》の次、**企救丘**《きくがおか》で終点となる。ここには車両基地もある。また、北九州市内線で活躍した路面電車を展示した交通科学館や志井公園が広がる。JR日田彦山線**志井公園**《しいこうえん》駅にも近い。

［徳力嵐山口－志井］交差点を直角に曲がる。4両編成が完全に孤を描く様は圧巻で，いかにも都市モノレール

［徳力嵐山口－志井］緑濃い公園の脇をすり抜ける。
丘陵地は完全に宅地化している

■モノレールの開業は1985年。線路をまたいで走る誇座式4両編成で，日中は10分間隔。九州にはないが線路にぶら下がる懸垂式もある（千葉都市モノレールや湘南モノレールなど）。

［永犬丸－三ケ森］昼間は10分ヘッドの運転

［萩原－穴生］ここから高架線に上る

筑《ち く》豊《ほう》電《でん》気《き》鉄《てつ》道《どう》

黒崎駅前－筑豊直方
営業キロ16・0
駅数20

黒崎駅前
西黒崎
熊西
萩原
穴生
森下
今池
永犬丸
三ケ森
西山
通谷
東中間
筑豊中間
土手ノ内
筑豊香月
楠橋
木屋瀬
遠賀野
感田
筑豊直方

筑豊電鉄は、その文字通り、JR黒崎《くろさき》駅前から中間《なかま》市を通り、直方市に至る筑豊地区と北九州市とを結ぶ路線なのだが、最初にお断りをしなければならない。正確には黒崎駅前《くろさきえきまえ》から二つ先、熊西《くまにし》までの0・6キロは筑豊電鉄の線路ではないことだ。

これは、今では全廃されてしまった西鉄北九州市内線と密接な関わりがあって、2000年に最後の廃止区間となった黒崎駅前－折《おり》尾《お》間の西鉄線に熊西で筑豊電鉄が乗り入れる形を取っていた。こういう経緯でここは今も西鉄の線路となっている。現在、筑豊電鉄はここを第2種免許で運行しており、厳密には営業キロから600メートルを引いた距離が、この電鉄の路線距離となる。駅数も西鉄として計上すべきかもしれない。

というわけで、深ーい訳のある熊西だが、今ではただの一つの中間駅。この先にあった折尾への分岐ポイントも外されている。

穴生《あのう》付近は高架線を走る。こういう事情で現在もすべての電車が路面電車タイプだから、このミスマッチはおもしろい。もともとすべての区間が専用軌道ではあったが、全線複線。

北九州市域を抜けても、開発が進んでベッドタウンが続く。今池《いまいけ》、永犬丸《えいのまる》とマンションが増えた。三《さん》

［熊西］奥が西鉄の区間

[感田－筑豊直方] 連接２両編成の3000系が長い遠賀川鉄橋を渡る。路面電車でもけっこう似合う風景

ケ森《がもり》の先にも。

筑豊中間《ちくほうなかま》、**筑豊香月**《ちくほうかつき》まで来れば、宅地化の波は相変わらずだが、車窓には確実に緑が増えた。車庫があり、朝夕の折り返しがある**楠橋**《くすはし》で頭上を山陽新幹線が越えていく。

古い宿場町・**木屋瀬**《こやのせ》を過ぎて、**感田**《がんだ》でくいーっと進路を南西に変え、遠賀川を直角に渡り切れば、そこが終点・**筑豊直方**《ちくほうのおがた》。ここで高架の線路がプッツリ切れている。JR**直方**駅とかなり離れており、市街地には違いないが、なぜこんな所で行き止まりなのか、というロケーション。飯塚から福岡を結ぶ計画もあったというから、これが関係しているのかもしれない。

[感田－筑豊直方] 遠賀川の広い河川敷を渡り終えると終点・直方。道路より一段高い高架で行き止まる

■第２種免許＝線路施設を保有せず，運送事業を行うこと。第３種が鉄道線路のみを有し，自ら線路を持ち運送事業も行えば第１種となる。

[南直方御殿口－あかぢ] 遠賀川の複線の鉄橋。2004年４月，貨物列車の走る姿は消えた

直方
南直方御殿口
あかぢ
藤棚
中泉
市場
ふれあい生力
赤池
人見
金田
上金田
糒
田川市立病院
下伊田
田川伊田

平成《へいせい》筑《ちく》豊《ほう》鉄《てつ》道《どう》

直方－行橋／金田－田川後藤寺
営業キロ49・2
駅数35

平成筑豊鉄道は、１９８９年にＪＲ伊田線、糸田線、田川線が第三セクターに転換され誕生した。

また、他の第三セクター鉄道でも同様だが、転換前の中間駅数12に対して現在は32駅。ほぼ3倍近くにまで駅を増設し、増発と併せ利便性向上に努めているのが特徴。

直方▼田川伊田

この区間は伊田線に相当し、石炭輸送の栄華を偲ぶように**田川伊田**《たがわいた》まで全線複線。これは赤字ローカル線問題で転換された第三セクターで唯一の存在となる。

直方から**南直方御殿口**《みなみのおがたごてんぐち》にかけてＪＲ筑豊本線と並走し、ＪＲの複線と併せ複々線の様子は圧巻。その昔、石炭ＳＬ列車が往き交う姿は迫力があったものだ。

[ふれあい生力－赤池] クリスマス・シーズンに運転される「メリークリスマス号」。車内の歓声が聞こえてきそう

■第三セクター＝公営でも民営でもない３番目の運営方式。一般的に沿線自治体や県，民間企業が共同出資して運営する。

[中泉－市場] のどかな風景の中を軽快気動車が駆けていく。路線は大体彦山川に沿って延びている

遠賀川を渡り、また新駅**あかぢ**。昔からの駅の間に2－3個の新駅がある。**田川伊田**まで平均駅間1・2キロ。昔はそれが3・2キロだったのだから、便利になったものだ。また朝夕には通勤客らのために快速列車も運転されている。**金田**《かなだ》で旧糸田線の線路が分かれるが、ここには車庫もある。

右手からJR日田彦山線が寄ってくると、伊田線の終点・**田川伊田**に到着するが、ほとんどの列車は旧田川線行橋まで直通する。

田川伊田▼行橋

実は同じ車両が直通するのだが、運転上ではここまでの下り列車が上り列車に変身する。国鉄時代から**行橋**《ゆくはし》が田川線の起点とされ、また次に述べるJR線との関係も密接に関連する。この本では下り列車を基本に述べてきたが、ここでは話の連続性を重視して、異例の上り方面、**行橋**へと話を進めよう。

田川伊田を発車して彦山川の鉄橋を渡る。ところがこの区間はJR日田彦山線。「共用」といって同じ線路を使っているのだ。次の**上伊田**《かみいた》直前で分岐するまでこの状

[源じいの森－崎山] 山深い今川の鉄橋を渡る

田川伊田
上伊田
勾金
柿下温泉口
内田
赤
油須原
源じいの森
崎山
犀川
東犀川三四郎
新豊津
豊津
今川河童
美夜古泉
行橋

■平成筑豊鉄道1日フリーきっぷ＝大人800円，子供400円。普通運賃直方－行橋間870円だから，かなりお得。

[源じいの森ー崎山] 今川の流れに沿って。流れる水は違っても沿線の風景はいつまでも変わらない

態が続く。こんな小さな発見も面白い。

内田《うちだ》から**油須原**《ゆすばる》にかけて上り勾配を「キューロク」という蒸気機関車が前に2台、後に1台で峠越えに奮闘する姿も、今では遠い昔の思い出になってしまった。

赤《あか》、**源**《げん》**じいの森**《もり》、**東犀川三四郎**《ひがしさいがわさんしろう》、**今川河童**《いまがわかっぱ》、**美夜古泉**《みやこいずみ》と、ユーモアと美しい響きを持つ名の新設駅が続き、ふと途中下車してみたくなる。これには絶対、フリーきっぷがおすすめ。

終点（本来は起点）**行橋**でJR日豊本線に連絡する。**油須原**から今川の流れに沿った車窓の美しい路線でもある。豊かな自然の中の小さな旅が楽しめる。

[犀川] 美しい駅でしょう！

[崎山] ホッとする一コマ

[豊前大熊－松山] 旧糸田線は中元寺川が作った平地を進む。運転本数も3倍近くに

[糸田] 線内の拠点駅。利用者も多い

[豊前大熊] カーブの向こうから田川後藤寺行きが到着

金田▼田川後藤寺

こちらは旧糸田線。6・8キロのミニ路線で、JR時代、1日9往復にまで減っていた運転本数も、今は1時間に1－2本、23往復が運転されている（旧伊田線も以前はそれをちょっと上回るくらいだったのが、今は41往復）。

金田《かなだ》を発車し、しばし伊田線と並走するが、こちらは山一つ隔てた形で中元寺川に沿うように真っすぐ**田川後藤寺**《たがわごとうじ》を目指す。ここも**田川伊田**《たがわいた》と同様に、JR日田彦山線、後藤寺線らと駅を共用する。

［箱崎九大前－貝塚］貝塚の手前で地上に出る地下鉄1000系

［福岡空港－東比恵］複線トンネルが続く

福岡地下鉄《ふくおかちかてつ》

福岡市交通局

福岡空港－姪浜／中洲川端－貝塚／天神南－橋本　営業キロ29・8　駅数35

福岡空港
東比恵
博多
祇園
中洲川端
天神
赤坂
大濠公園
唐人町
西新
藤崎
室見
姪浜

中洲川端
呉服町
千代県庁口
馬出九大病院前
箱崎宮前
箱崎九大前
貝塚

空港線（福岡空港▼姪浜）

九州唯一の地下鉄の旅は、日本一都心に近い**福岡空港**《ふくおかくうこう》から始まる。次の**東比恵**《ひがしひえ》まで福岡の地下鉄で一番駅間の長い2・1キロを走り、次はもうJRとの連絡駅・**博多**《はかた》。所要5分。

山笠の櫛田神社も近い**祇園**《ぎおん》を過ぎて、天下にその名を轟かす「中洲」の**中洲川端**《なかすかわばた》。箱崎線がここで分岐する。

そして次が、福岡の中心・**天神**《てんじん》。空港からわずか11分。かなりのお客さんが入れ替わり、九州一の繁華街を知る。かつて貫線と呼ばれた路面電車が走っていた明治通りに沿っており、まさにメイン・ストリートを走る路線なのだ。

赤坂《あかさか》、**大濠公園**《おおほりこうえん》と福岡城下を貫通し、西の拠点・**西新**《にしじん》へ。

室見《むろみ》で路面電車は単線になったが、複線のまま終着・**姪浜**《めいのはま》に。ここで初めて地下鉄は地上に顔を出す。この先、線路はJR筑肥線につながり、相互直通運転を行っている。

［姪浜］地下鉄2000系とJR303系の出会い

■福岡地下鉄１日乗車券＝大人600円，子供300円。

[天神南] 七隈線3000系はスマートでかっこいい。4～8分毎の運転で終点まで12キロ，24分

[福大前] 入口は広くて明るい

箱崎線（中洲川端▼貝塚）

分岐駅・**中洲川端**《なかすかわばた》は二層式になっており、箱崎線は上層からの発車。**天神**《てんじん》から**貝塚**《かいづか》行きに乗って来て**博多**《はかた》方面に向かうには1階下のホームに降りねばならないので、注意が必要。

空港線が呉服町交差点から南下するのに対して、こちらは真っすぐ東進して**呉服町**《ごふくまち》へ。

この後、その名もズバリの**千代**《ちよ》**県庁口**《けんちょうぐち》、**馬出九大病院前**《まいだしきゅうだいびょういんまえ》、**箱崎宮前**《はこざきみやまえ》、**箱崎九大前**《はこざききゅうだいまえ》と続き、終点・**貝塚**に。ここも地上駅で、地下鉄は2カ所だけで地上に顔を出す。西鉄宮地岳線乗り換え駅。

七隈線（天神南▼橋本）

2005年2月3日、鉄道の空白地帯だった福岡市西南部に新路線が開業した。

天神南《てんじんみなみ》を出て渡辺通りを南下、**渡辺通**《わたなべどおり》から右へ急カーブして**薬院**《やくいん》で西鉄天神大牟田線に連絡。**六本**《ろっぽん》**松**《まつ》までは旧路面電車の城南線に沿って行く。**別府**《べふ》、**福大前**《ふくだいまえ》と沿線に大学も多く、通学も便利になる。

野芥《のけ》、**次郎丸**《じろうまる》と外環状線の下を走り、これからさらに発展しそうな終点・**橋本**《はしもと》に着く。

3000系は客席との仕切窓がなく，前方がよく見渡せる

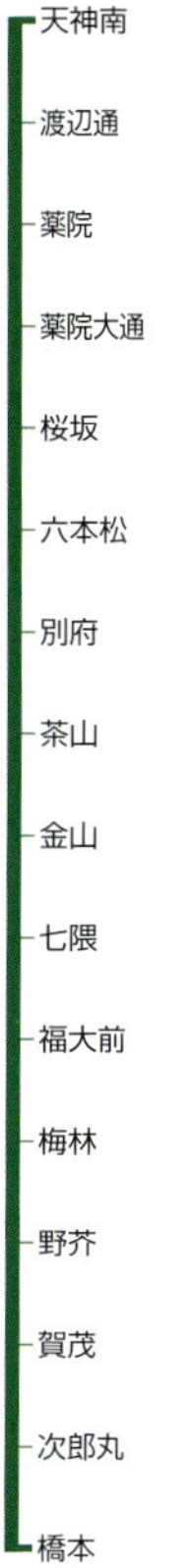

■七隈線3000系電車は，九州初の鉄輪式リニアモーター・システムと小型化で，急勾配や急カーブに強い。地下鉄初の“ドライバー・レス全自動運転”に対応した性能を持ち，乗務員は運転操作をしない。

［松崎－今隈］めちゃくちゃ便利になった甘木鉄道。梅の花も微笑む

甘木鉄道《あまぎてつどう》

基山ー甘木
営業キロ13・7
駅数11

基山
立野
小郡
大板井
松崎
今隈
西太刀洗
山隈
太刀洗
高田
甘木

甘木鉄道は国鉄甘木線を1986年に引き継いだ第三セクター鉄道。一時は太刀洗《たちあらい》にあるキリンビール工場の貨物輸送で賑わっていたが、晩年の旅客列車の本数はと言うと、なんと7往復のみ。それも、早朝の列車が行ってしまうと、8時間以上全く列車の走らない凄いダイヤだった。

それが、第三セクター化されると昼間も完全30分毎、そして今は、朝夕には16～17分毎にと増発。平日は1日46往復に。新駅の設置で駅も倍増され、福岡都心に近い好条件の立地とはいえ、積極的な施策が続けられ、大いにエールを送りたい。

各駅に無料駐車場を整備し、パーク・アンド・ライド方式を推進したのもここからだった。

基山《きやま》でJR鹿児島本線から分かれ、次の新設駅の**立野**《たての》と**小郡**《おごおり》との間には列車すれ違いのための信号場を新設。**西鉄小郡**《にしてつおごおり》と連絡する**小郡**は国鉄時代の旧**小郡**駅を400メートルもずらし、西鉄との交差部に移動。さらに交換設備が撤去されていた**太刀洗**《たちあらい》の復活。全長13・7キロの路線に三つの交換設備

［甘木］終着駅は国鉄時代の面影を残す

［高田－甘木］イベント車にも使う AR400形。西鉄甘木線がここで急接近するが，双方の甘木駅は少し離れている

［立野－小郡］AR300形が新設された信号場を通過する

［高田－甘木］こちら元祖レールバス AR100形

は素晴らしい。

車庫や本社のある終点・**甘木**《あまぎ》にも、それは大きな駐車場が用意されている。

基山、**立野**は佐賀県に属し、福岡県と2県にかかる第三セクターの先駆者でもあった。

甘木鉄道は完全に都市郊外型鉄道に脱皮したと言える。

［伊万里－東山代］有田川を渡る。冬場，カモなどの渡り鳥がたくさん飛来し，羽を休めている

松浦鉄道《まつうらてつどう》【西九州線《にしきゅうしゅうせん》】

有田ー佐世保
営業キロ93・8
駅数57

有田／三代橋／黒川／蔵宿／西有田／大木／山谷／夫婦石／金武／川東／伊万里

九州一の長大路線を誇る第三セクター鉄道で、１９８８年にＪＲ松浦線を引き継いだ。

有田《ありた》－**伊万里**《いまり》間は伊万里鉄道が、**肥前吉井**《ひぜんよしい》－**佐々**《さざ》、**相浦**《あいのうら》－**北佐世保**《きたさせぼ》間は佐世保軽便鉄道が建設するなど、松浦鉄道のルーツは複雑。これらを繋げた線だったため、地方ローカル線としては多い方の32駅があったが、ここも他の第三セクター同様、新駅の増設で57駅とほぼ倍増した。平均駅間も３・０キロが１・７キロに。

有田▼伊万里

ＪＲ佐世保線**有田**駅の一角に間借りしたような形で松浦鉄道の旅は始まる。

有田川が作り出したわずかばかりの平地に沿うように**伊万里**を目指して北上する。**蔵宿**《ぞうしゅく》、**大木**《おおぎ》、**夫婦石**《めおといし》、**金武**《かなたけ》は旧松浦線時代からあった駅で、ずっと昔からお客さんの乗り降りを見守り続けた古い駅舎は郷愁を誘う。

伊万里は行き止まり駅。駅舎は新築されたが、かつて線路のつながっていたＪＲ筑肥線とは、道路で完全に分断されてしまった。

［浦ノ崎］沿線人気№１の撮影名所

[前浜－調川] 1両ポッキリだが運転本数も増え，1時間にほぼ２本。この海は鷹島の向こう，日本海へと続く

伊万里▼佐世保

スイッチバックの**伊万里**《いまり》から**佐**《さ》**世**《せ》**保**《ぼ》、**有田**《ありた》方面の双方とも、西へ向かってワンマン・ディーゼルカーは出発していく。

金武《かなたけ》付近で左手に見えていた有田川だが、河口近くになって川幅が広がり、これを長い鉄橋で渡る。右手は伊万里湾だが、埋立てが進み眺望はあまりよくない。

桜のトンネルで昔から人気のあった**浦**《うら》**ノ崎**《さき》の次、**福島口**《ふくしまぐち》を過ぎると長崎県に入る。

山の斜面にへばりついたような**鷹島口**《たかしまぐち》からは右手に絶景の海が広がる。鷹島へ向かうフェリーの白い航跡が目に鮮やかだ。**前浜**《まえはま》、**調**《つきの》**川**《かわ》と、しばし海岸線がお供をしてくれる。

松浦《まつうら》はこの辺りの中核。この先、遠くに海を見て、山間のアップ・ダウンが続く。

たびら平戸口《ひらどぐち》。長らく日本最西端の駅のタイトルを保持し続けてきた。九州本土最西端駅にはこれからも変わりないが。

たびら平戸口から、西進してきた列車はグッとUターンするように南東方向に向かう。

建設の歴史によるが、これから線路は沿線の町をすべて拾い集めるように大きくジグザグしている。

北松浦の炭田が各地にあって、早くに廃止されたが、**吉井**《よしい》から世知《せち》

[鷹島口－前浜] 線路内にも野の花が進入する

 ■廃止＝世知原線と臼ノ浦線1971年，柚木線1967年。

[西田平－すえたちばな] 2002年11月18日のJR185系「お召列車」。たびら平戸口からＪＲ大村線の大村へ

原《ばる》線、**佐々**《さざ》から臼《うす》ノ浦《うら》線、**左石**《ひだりいし》から柚木《ゆき》線が分岐していた。**泉福寺**《せんぷくじ》からは完全に佐世保の市街地。長崎と同様に坂の街で、山に住宅地がビッシリと張り付く。**中佐世保**《なかさせぼ》と**佐世保中央**《させぼちゅうおう》との駅間200メートルは日本最短とか。

列車は新装なった**佐世保**の高架2階に滑り込むが、一部ＪＲに乗り入れ、**早岐**《はいき》まで直通している。ＪＲ車両も**佐々**まで1本だけだが、相互乗り入れとしている。

吉井
神田
上佐々
佐々
小浦
真申
棚方
相浦
大学
上相浦
本山
中里
皆瀬
野中
左石
泉福寺
山の田
北佐世保
中佐世保
佐世保中央
佐世保

[たびら平戸口] 九州最西端駅に満月が上る

[佐々] 山小屋風駅舎脇には車両基地

［佐々ー小浦］松浦鉄道に乗り入れのJR車。佐世保からこのまま快速「シーサイド」となって長崎へ

［相浦ー大学］たびら平戸口以降，内陸部を大きく迂回していた線路は，ここ相浦で唯一海岸線に出る

［大学病院前―浦上駅前］センターポール化が進む

［長崎駅前］電車はひっきりなしにやって来る

長崎市電《ながさきしでん》

長崎電気軌道

赤迫―正覚寺下／長崎駅前―公会堂前
西浜町―蛍茶屋／築町―石橋
営業キロ11・5／駅数37

港と坂と観光の街・長崎は、また路面電車の走る街でもある。路面電車が廃止された仙台や東京、京都からたくさんの電車がやって来て活躍しているが、新型電車も増えた。

市民の足としてだけでなく、市内の観光地を巡るのにも便利で、観光客の姿も目立つ。１日乗車券を手に修学旅行の生徒のグループ乗車もよく見かける。

１回どこまで乗っても１００円。ワン・コインの先駆者で、これは20年近くも続いているという。

運転は主に四つの系統で運転され、１系統が一番の観光メイン・ルートと言える。**赤迫**《あかさこ》を出発した電車は、電車基地のある**浦上車庫**《うらかみしゃこ》**前**《まえ》手前から**浜口町**《はまぐちまち》まで専用軌道に。再び電車道は道路中央を走るようになるが、この付近、センターポール化が完成し、車線の広い道路がさらにすっきりした。ＪＲ長崎本線の連絡駅・**浦上駅前**《うらかみえきまえ》、**長崎駅**《ながさきえき》**前**《まえ》とお客さんを集める。

ウォーターフロントの**大波止**《おおはと》を過ぎ、**出島**《でじま》には出島商館跡などがあり、電車はそのすぐ脇を走り抜ける。中華街が近い**築町**《つきまち》で、**石橋**《いしばし》からの大浦支線と合流。

長崎駅から**石橋**方面へは直通の電車がなく、乗り換えとなるのだが、乗り換え券をここ**築町**で手渡され、この場合も１００円で済む。

次の**西浜町**《にしはまのまち》で蛍茶屋支線が分かれ、こちらはポイントを渡って右折。長崎一の繁華街・**観光通**《かんこうどおり》、**思**《し》**案橋**《あんばし》を過ぎれば、終点・**正覚寺下**《しょうかくじした》。駅は川の上に半分せり出している。**蛍茶屋**《ほたるぢゃや》から**石橋**に向かう５系統

■長崎市電１日乗車券は500円。電車の中では買えないので注意が必要。販売は電車営業所の他，観光案内所，主なホテルなどで。

[松山町ー浜口町] 長崎西洋館ビルから電車が飛び出す

[大波止ー出島] 川に沿って出島商館跡があり，電車道沿いの散策も楽しい

[長崎駅前] ボクの夢は電車の運転士？

[公会堂前] レトロ電車が行く。こちらへ行けば3系統で長崎駅前へ。真っすぐが西浜町方面

[出島] 修学旅行のグループ行動。これからどちらへ？

だと、長崎くんちの**諏訪神社前**《すわじんじゃまえ》、次の**公会堂前**《こうかいどうまえ》で右手に桜町支線が分かれ、こちらは3系統で**長崎駅前**を経由し**赤迫**へ。

賑橋《にぎわいばし》は眼鏡橋の最寄り駅。左に曲がって川を渡る左手に電車からも見える。アーケード脇をすり抜け**西浜町**《にしはまのまち》。ここは各系統が輻輳《ふくそう》するので交差点前後に同名の駅が二つある。

大浦海岸通《おおうらかいがんどおり》からオランダ坂に大浦天主堂、グラバー邸が近い**大浦天主堂下**《おおうらてんしゅどうした》、**石橋**と単線になっており、より異国情緒がある。

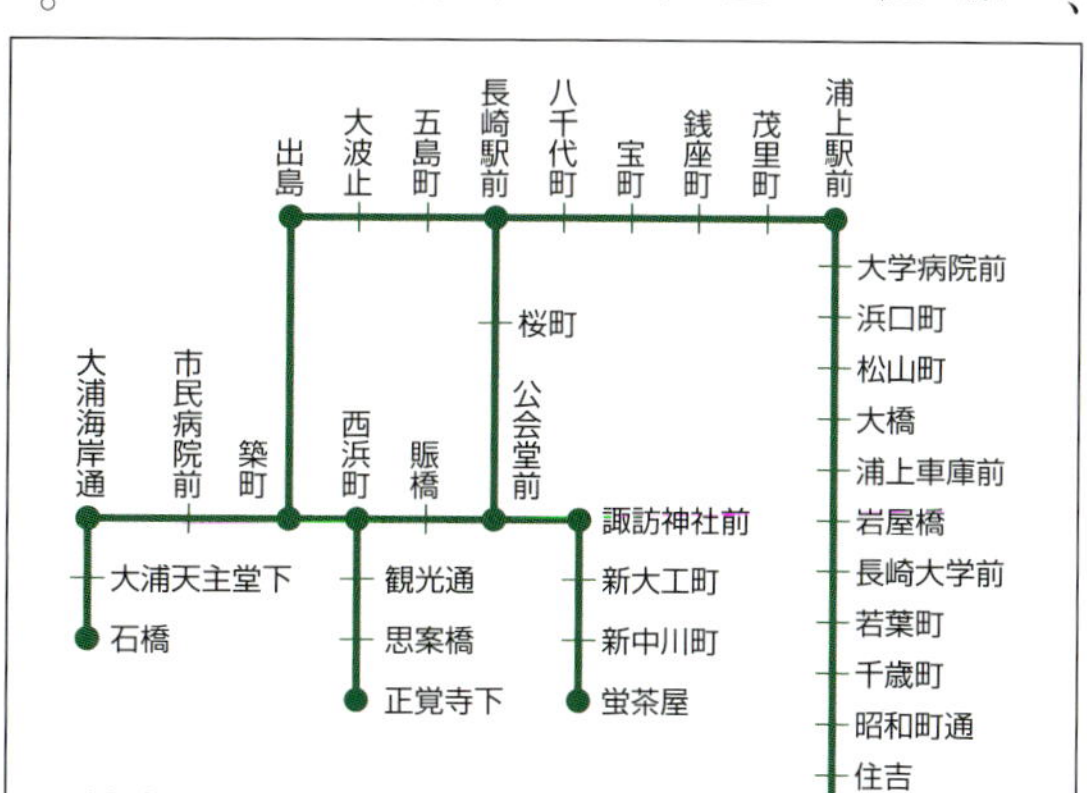

長崎市電路線図

[観光通－思案橋] 旧正月のランタン・フェスティバルの時には花電車も走る

[出島] 車の洪水で電車は確実に速い▶

[正覚寺下] 坂の町・長崎ではわずかなスペースに駅が設けられている

[浦上駅前－茂里町] 路面電車は市民の足

［古部］海に一番近い駅。諫早湾は確実に狭くなっている。楽しいペイント列車がやって来た

島《しま》原《ばら》鉄《てつ》道《どう》

諫早ー加津佐
営業キロ78・5
駅数44

諫早▼南島原

島原鉄道は文字通り、島原半島を時計回りにグルッと半周する。雲仙普賢岳噴火災害でこの鉄道も甚大な被害をこうむったが、災害復旧が完成し、被災区間の近代化に加え、新車投入で甦った。

ＪＲ長崎本線**諫早**《いさはや》から出発する。**本諫早**《ほんいさはや》の次には**幸**《さいわい》と何やら縁起の良い駅が。この先にある**愛野**《あいの》や**吾**《あ》**妻**《づま》と組み合わせ、「幸せを愛しの吾が妻へ」の記念切符もある。**小**《お》**野本町**《のほんまち》の次の**干拓**《かんたく》**の里**《さと》も新設駅。

諫早干拓はずっと昔から行われており、有明海の海が見え出すのは30分余り走った**吾妻**付近からとなる。いかにも海の近くと実感できるのは**古部**《こべ》、**西郷**《さいごう》辺りくらいで、意外と見晴らしは悪い。長洲《ながす》へのフェリーが出る**多比良町**《たいらまち》でも海への眺望は開けない。地図を見て、海岸線沿いの線路を想像した人にはちょっと欲求不満が残ったまま、**島原**《しまばら》に到着するかもしれない。

島原城下は湧水の豊富な町でもある。**島原**《しまばら》駅は城を模した立派な造りで、この鉄道の中心駅。

車庫のある**南島原**《みなみしまばら》に到着前、右手に現れる船溜まりは島原の象徴みたいな所。

［島鉄本社前－南島原］鉄道の日記念イベントで島鉄急行色（先頭車）走る

[西有家－龍石] 漁村を結び，海岸線を走る。島原湾も出口に近く，海の向こうは天草と三角

南島原▼加津佐

島原外港《しまばらがいこう》もかなり山寄りにある。**安徳**《あんとく》から**瀬野深江**《せのふかえ》にかけてが先年の災害で一番被害を受けた所。水無川《みずなしがわ》周辺の土石流の跡もかなり整備されたが、右手に見上げる普賢岳は溶岩ドームの姿もまだはっきりしている。

島鉄ではこの自然の猛威を身近に感じてもらおうと、1日3便の観光トロッコ列車を**島原**－**深江**《ふかえ》間で運転している。

南島原《みなみしまばら》以遠はかつて口之津《くちのつ》鉄道が開業させた所で、沿線人口が減り、1－2時間に1本の運転に減る。**原城**《はらじょう》は島原の乱の原城跡最寄り。左手丘の上に天草四郎像が建ち、桜の名所でもある。

白浜海水浴場前《しらはまかいすいよくじょうまえ》を過ぎると左手に海が見え、終点・**加津佐**《かづさ》に到着。**龍石**《たついし》前後でも海岸線を走るが、確実に漁港の町を結ぶ路線だった。

- 南島原
- 島原外港
- 秩父が浦
- 安徳
- 瀬野深江
- 深江
- 布津新田
- 布津
- 堂崎
- 蒲河
- 有家
- 西有家
- 龍石
- 北有馬
- 常光寺前
- 浦田観音
- 原城
- 有馬吉川
- 東大屋
- 口之津
- 白浜海水浴場前
- 加津佐

トロッコ車内に災害の様子が伝えられる

[白浜海水浴場前－加津佐] 今少しで終着

［安徳－瀬野深江］災害復旧を願い「ハッピートレイン」と名付けられたトロッコ列車が普賢岳を見て走る

［安徳－瀬野深江］新設された水無川鉄橋にさしかかる

［有家－西有家］一面のホテイアオイに紫の花が

■観光トロッコ＝３月25日－11月30日の間運行。大人500円，子供300円。予約0957(62)4705。

［水前寺駅通］女性運転士に遭遇

［祇園橋－呉服町］市街地に沿って直角に曲がってゆく

熊《くま》本《もと》市《し》電《でん》

熊本市交通局

田崎橋－健軍町／西辛島町－上熊本駅前
営業キロ12・1
駅数35

足の不自由な人たちのために、電停とほとんど段差のない超低床電車を日本で一番最初に導入したのが、ここ熊本市電。

全国に吹き荒れた路面電車廃止の嵐は、昭和40年代に熊本市電にも及んだが、日本初の路面電車の冷房車を登場させ、冷房車１００％の達成など、積極的な姿勢が目立つ。

母の日にカーネーション、敬老の日に菊の花を車内に飾り、夕刻には乗客にプレゼントされるのも嬉しい。

また敬老の日に重なる毎年9月15日に、藤崎宮の大祭・神幸式が行われるが、この日が路面電車が一番華やぐ日ではないだろうか。早朝から深夜まで、繁華街をこれでもかこれでもかという数の行列が続き、路面電車のコースにも重なる。祭り装束に美しく着飾った女の子たちが車内にもあふれるのだった。

田崎橋《たさきばし》を出発した電車は、ＪＲ連絡の**熊本駅前《くまもとえきまえ》**でしばし時間調整の客待ち。**呉服町《ごふくまち》**、**河原町《かわらまち》**と古い町並に忠実に沿い、直角に曲がって行く。

慶徳校前《けいとくこうまえ》から右折し、**上熊本駅《かみくまもとえき》前《まえ》**からの路線と合流し、さらに左折すれば**辛島町《からしまちょう》**。ここからが熊本市の中心街で、後方に熊本城の天守閣が見える**通町筋《とおりちょうすじ》**まで、下通り《しもとおり》商店街に上通り《かみとおり》商店街と人通りが絶えることなく賑わっている。

水道町《すいどうちょう》で国道3号線への車の渋滞を追い越し、白川《しらかわ》を渡ると、これまでの旧市街の曲がりくねった線路から解放され、南東方面へほ

[水前寺駅通ー国府] 水道町を過ぎれば道が広々として路面電車も走りやすそう

[動植物園前] 下校時

ぼ一直線。

水前寺駅通《すいぜんじえきどおり》はJR豊肥本線新水《しんすい》前寺《ぜんじ》との乗り換え駅。高架のJR線をくぐり抜けるのだが、市電の高さが影響するのだろう、その部分だけ下に掘り下げてある。終点の健軍町《けんぐんまち》の周りも家がビッシリ建

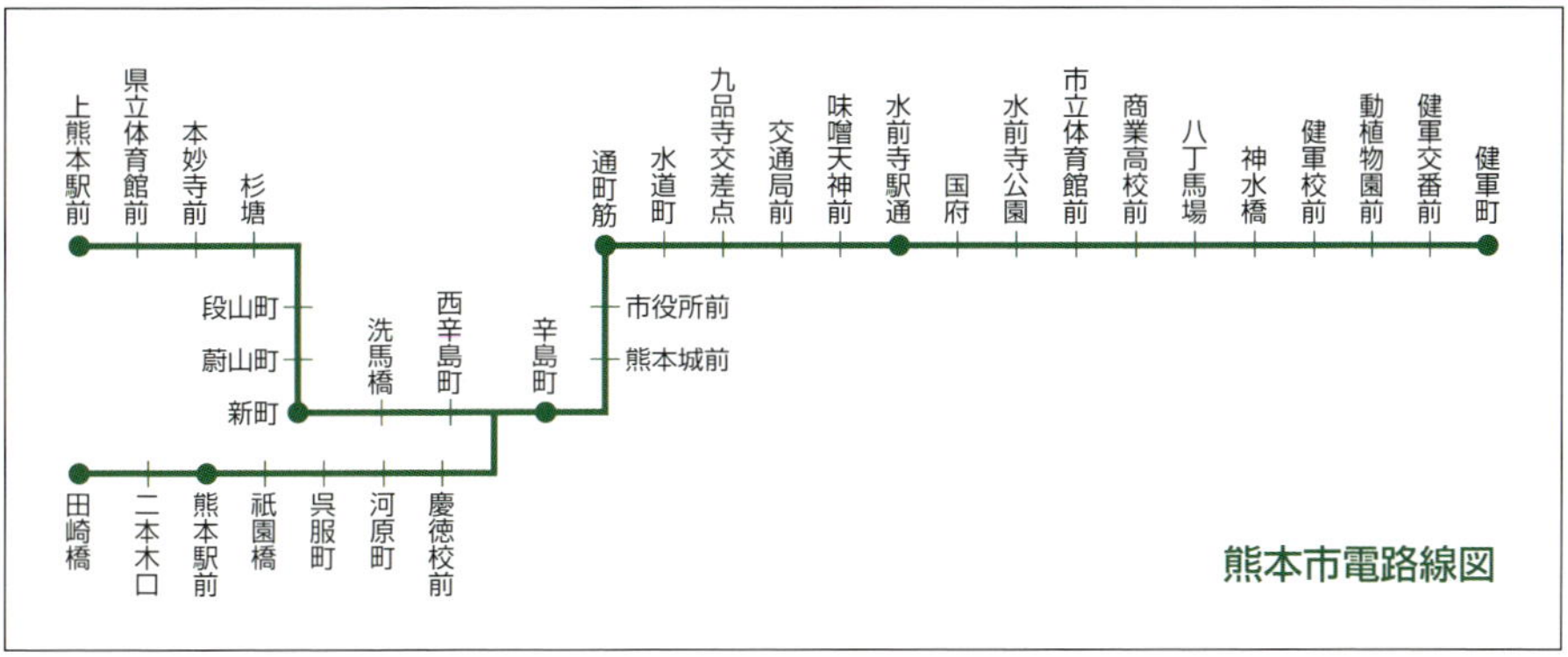

熊本市電路線図

 ■電車・バス1日乗車券500円。超低床電車＝9700型といい5編成在籍。2両連接車。

［新町－蔚山町］日本で最初に導入された超低床電車が急カーブを行く。道との段差もこれだけ

て込んでおり、路線延伸の計画もあるというからたのもしい。

もう一つの系統・**上熊本**《かみくまもと》へは、こちらも古い町並を縫っていく。**洗馬橋**《せんばばし》と**新町**《しんまち》の間は唯一の専用軌道区間。**蔚山町**《うるさんまち》、**段山町**《たにやままち》と由緒ありげな町名が連なる。JR連絡の**上熊本駅前**《かみくまもとえきまえ》には車庫が新設されている。

［通町筋］熊本一の繁華街の向こうに熊本城

［水前寺駅通］超低床車同士の出会い

［新町］古い町並にひときわ目立つ本屋さんがある

［健軍校前－動植物園前］西日を背に
帰宅者たちを乗せた電車がやって来る

▼［熊本駅前］いつも電車が待っている

［新町］祭りの日は気持ちもはじける

［辛島町］電車もなぜか華やいで見えるから不思議。祭りは一日中続く

［打越－坪井川公園］こちらは元東急車。熊本城もポツンと見える

［藤崎宮前－黒髪町］路面電車区間を東京からの地下鉄車両6000系が走る

［藤崎宮前－黒髪町］まだ菊池まで走っていた頃，20年程前の姿

熊本電気鉄道《くまもとでんきてつどう》

藤崎宮前－御代志／上熊本－北熊本
営業キロ13・1
駅数18

藤崎宮前
黒髪町
北熊本
亀井
八景水谷
堀川
新須屋
須屋
三ツ石
黒石
電波高専前
再春荘前
御代志

上熊本
韓々坂
池田
打越
坪井川公園
北熊本

長らく「菊池電車」の愛称で親しまれた熊本電鉄だが、1986年に路線の半分以上に当たる**御代志**《みよし》－**菊池**《きくち》間13・5キロが廃止され、現在の姿になった。

東京の都営地下鉄で活躍していた車両を迎え、朝夕15分毎、昼間でも30分毎運転の熊本都市近郊電車に生まれ変わっている。

始発の**藤崎宮前**《ふじさきぐうまえ》は、市電**通町筋**《とおりまちすじ》から上通り商店街のアーケードを抜けて800メートル程。昔ながらの町並の残る所で、これ以上街の中心部に近づけなかったのであろうが、きびしい立地のターミナルだ。

藤崎宮前を出て少し行くと路面電車が走るような所に出る。決して広くない道路の左半分を占有し、民家の軒先をかすめるように最徐行で通る。軌道時代の名残りだそうで、ここを元地下鉄車が走る。

二つ目の**北熊本**《きたくまもと》は、**上熊本**《かみくまもと》からやって来る電車との連絡駅。こちらはJR鹿児島本線**上熊本**とも乗り換えが便利な路線で、全長3・4キロの区間を、これも東京からやって来た元東急5000系が、30分毎にたった1両で往ったり来たりしている。

堀川《ほりかわ》、**新須屋**《しんすや》、**須屋**《すや》と丘陵地を行くが、周りは完全に宅地化が進んだ。**黒石**《くろいし》から菊池方面への道路と並走し、**御代志**でこの路線は途切れる。

［立野－長陽］南阿蘇鉄道一の名場面。徐行する列車が多い

▼［立野－長陽］白川上空でトロッコ車内から驚きの声が上がる

南《みなみ》阿《あ》蘇《そ》鉄《てつ》道《どう》

立野－高森
営業キロ17・7
駅数9

- 立野
- 長陽
- 加勢
- 阿蘇下田城ふれあい温
- 南阿蘇水の生まれる里白水高原
- 中松
- 阿蘇白川
- 見晴台
- 高森

かつて可愛いタンク機関車・C12型が牽く混合列車で人気のあった国鉄高森線は、1986年に第三セクター南阿蘇鉄道になった。**立野**《たての》でJR豊肥本線と分かれて、阿蘇山の南側の火口原・南郷谷《なんごうだに》を走る路線で、阿蘇ののびやかな風景とスリルと温泉が楽しめる。

立野を発車して、短いトンネルを出ると白川《しらかわ》の上空に飛び出る。深い谷を美しいアーチ橋で渡る。その高さ64・5メートル。そしてまた全長903メートルの戸下《とした》

［立野－長陽］トロッコ「ゆうすげ号」。全線を倍の時間をかけてゆっくり走る

■トロッコ列車「ゆうすげ号」＝3月26日－4月7日・7月21日－8月31日の毎日と4月9日－11月13日の土曜・休日運転。雨天の時は普通車両で運転。トロッコ料金大人200円，子供100円が運賃に追加される。

[加勢] レトロに見えるこの車両，実はれっきとした新車

ンネルに突入する。

これらの魅力を堪能できるのが、多客期に運転される元祖トロッコ列車「ゆうすげ号」。トラ70000という本物の貨車が使われており、乗車するとあのゴロゴロとした振動がたまらない。

阿蘇《あそ》下田城《しもだじょう》ふれあい温泉《おんせん》は、周辺にたくさんの温泉がある南阿蘇地区だが、駅舎内にも温泉があって入浴できる。歩いて0分。

[加勢－阿蘇下田城ふれあい温泉] 南郷谷の奥に阿蘇山

右手は外輪山、左には阿蘇五岳。広々とした水田地帯が心地よい。

次の「**南阿蘇《みなみあそ》水《みず》の生《う》まれる里《さと》白《はく》水高原《すいこうげん》**」、仮名で22文字。これすべてで一つの駅名。しばらく日本一長い駅名のタイトルを獲得していたが、九州外のどこそこかの私鉄に23文字が誕生したとか。こんな競争はともかく、高原の風が流れ、気持ち良いわけですヨ。

唯一すれ違いのできる**中松《なかまつ》**に、**阿蘇白川《あそしらかわ》**、**見晴台《みはらしだい》**と、それぞれの駅舎には特徴があって可愛らしい。

[南阿蘇水の生まれる里白水高原]
漢字が入ってもこんなに長い

[阿蘇下田城ふれあい温泉－南阿蘇水の生まれる里白水高原] 南側にも外輪山が連なる

見晴台から一直線に東進してきた線路が終点間際にクイと左へ折れる。根子岳《ねこだけ》が正面に見え出すと**高森**《たかもり》に着く。駅前ではC12型蒸気機関車も出迎えてくれる。

[南阿蘇水の生まれる里白水高原] ゴロゴロとモーターカーに牽かれて、トロッコ「ゆうすげ号」到着

[見晴台－高森] 塗装変更で顔が引きしまる。奥の三角屋根がトンネル公園

高森湧水トンネル公園内を湧水が流れる

最後に悲運の物語を。先程のクイと曲がる前、線路を真っすぐ延ばしていった先にトンネルの入口がポッカリ穴を開けている。宮崎県側の高千穂鉄道と結ぶ計画で、トンネル工事が始まっていたのだ。ところが、かなり掘り進んだ所で異常出水があり、工事は中断。これに国鉄再建法の成立が重なり、幻の夢と終わってしまった。

現在、高森湧水トンネル公園として550メートルが開放され、ゴーゴーと流れ出す清水でトンネル内は真夏でも肌寒いくらいで、人気のスポットとなっている。

■南阿蘇鉄道1日フリーきっぷ＝1000円。高森駅と車内で発売。

[亀ケ崎－槇峰] こちらは新造の「トロッコ神楽号」が五ケ瀬川の絶景を行く

高千穂《たかちほ》鉄道《てつどう》

延岡－高千穂
営業キロ50・0
駅数19

延岡 — 西延岡 — 行縢 — 細見 — 日向岡元 — 吐合 — 曽木 — 川水流 — 上崎 — 早日渡 — 亀ケ崎 — 槇峰 — 日向八戸 — 吾味 — 日之影温泉

延岡▼日之影温泉

2003年3月から高千穂鉄道に新しい仲間が加わった。新型ディーゼルカー「トロッコ神楽《かぐら》号」で、シーズン中は毎日運転される。1989年にJR高千穂線を引き継いだ第三セクター高千穂鉄道は、九州でも有数の渓谷美を誇る路線で、また一つ乗る楽しみが増えた。

列車はJR日豊本線**延岡《のべおか》**駅前から出発する。**延岡**から二つ目の**行縢**。読めますか？「むかばき」と言う。神話の古里に向かう路線だからというわけじゃないだろうが、旅情があったり、プッと吹き出しそうになったり、難読駅が多い。これも旅の楽しみの一つ。**吐合《はきあい》**、**川水流《かわずる》**、**吾味《ごみ》**、**影待《かげまち》**、**深《ふか》角《すみ》**——。**日之影《ひのかげ》**に**天岩戸《あまのいわと》**も情緒があってイイですネ。

日之影温泉《ひのかげおんせん》までは昭和初期までに開通していた所で、長らく日《ひ》ノ影線《かげせん》と呼ばれていた。天然アユの清流・五ケ瀬川に沿って、線路も遡っていくのだが、**川水流**を過ぎると、いよいよ川の流れに従い忠実に蛇行し、あるいは鉄橋で対岸へ渡り、少しでも走りやすい所を見つけて上流を目指す。長い年月がそうさせたのであろう、人工のコンクリート・アーチ橋も見事に周りの自然に溶け込んでいる。コトン、コトン、コトンとわずかな轍音を山峡にこだまさせ、小さな可愛らしいディーゼルカーが走り続ける姿は美しい。

日之影温泉にも駅舎内に日帰り温泉があり、2階に張り出した小さな露天風呂から下を覗くと、駅

［亀ケ崎－槇峰］上空に架かるは国道の青雲橋。道路は山頂を高架橋で越えていくので，鉄道はちと分が悪い

◀［行縢－細見］「トロッコ神楽号」に神楽の面

［日之影温泉］露天風呂からの眺めは抜群

ホームのお客さんの乗り降りや、五ケ瀬川が一望できる凝った仕掛けがある。

■「トロッコ神楽号」＝３月１日－５月31日，７月１日－８月31日，10月１日－11月30日の毎日と６月３日－２月27日の金・土・休日運転。トロッコ料金大人400円，子供200円。予約0982(72)5033。５日前まで。

[深角－天岩戸] 日本一の高千穂橋。深い谷底から目を転じれば，高千穂のおだやかな山容が温かい

日之影温泉▼高千穂

この先は1972年開通の若い区間。ここまで地形に逆らわず大の仲良しだったが、これからは長大トンネルが連続する。**深角**《ふかすみ》を出て2938メートルの大平山トンネルを飛び出すと、天空に飛び出す。その高さ105メートル。日本一。高千穂鉄橋で、この線最大のハイライト。目もくらむ谷底に遠く高千穂の峰々が見渡せる。トロッコ列車に限らず、ほとんどの列車が徐行運転、いや、止まってくれることも。

橋を渡り切れば**天岩戸**《あまのいわと》、そして**高千穂**《たかちほ》で終点となる。

この終点はかなり町はずれの、それも山の高い所にある。実はこちらも高森線と結ぶ工事がかなり進んでいて、それを見越しての位置に駅が設置されたことになる。

高千穂－高森《たかもり》間22・9キロの工事区間の内、7キロ近くは路盤工事が完成していたという。

未成線トンネル内貯蔵庫には焼酎がギッシリ

［深角－天岩戸］神々しい夕暮れ。鱗雲の中をディーゼルカーがゆっくりと泳いでいく

［高千穂］この先への延長は見果てぬ夢に終わってしまった

今、それらの遺構の一つのトンネルが、焼酎の貯蔵庫として使われている。トンネル内の年間の温度差が少ない特性を利用してのことだが、「トンネルの駅」としてトンネル貯蔵庫内も見学できる。**高千穂**駅から車で約5分。**高森**に向かう国道沿い。未成線に置かれた本物の鉄道車両が目印。

■神楽酒造「トンネルの駅」＝高千穂の特産品販売の店があり，焼酎の試飲もできる。9－18時，入場無料。無休。0982(73)4050。

［川村－肥後西村］ 球磨川を渡る。意外に２両以上で運転される列車が多い

くま川《がわ》鉄《てつ》道《どう》

人吉－湯前
営業キロ24・8
駅数14

人吉
相良藩願成寺
川村
肥後西村
一武
木上
おかどめ幸福
免田
東免田
公立病院前
多良木
東多良木
新鶴羽
湯前

球磨焼酎の原料は米。その土地で穫れる穀物で焼酎は作られると言うけれど、くま川鉄道に乗るとそれも納得。**八代**《やつしろ》から**人吉**《ひとよし》までJR肥薩線でやって来ると、球磨川流域は山また山のV字谷。それが人吉盆地に入った途端、広大な耕地が現れる。平地が果てる終点・**湯前**《ゆのまえ》まで24・8キロ。ずっと球磨川の恵みの広大で肥沃な水田が続いているのだった。

１９８９年、JR湯前線が最南端の第三セクター鉄道として再出発をした。**人吉**を出た列車は、平成筑豊鉄道と同様に、**吉松**《よしまつ》に向かうJR肥薩線をしばし走る。こちらは1キロ未満と短いが、こちらが左へ分岐。次の**相良藩願成寺**《さがらはんがんじょうじ》まで並走する。沿線には高校が多く、通学生が一番のお客さんで、朝には5両編成の通学列車もある。また、昼間は1両で運転されているが、試験とかで下校時間が早まったりすると、すぐ増結の手配が取られるというきめ細かい配慮の話も聞いた。

川村《かわむら》を発車して渡る球磨川の鉄橋で左側に注目。正にこの地点が

［人吉－相良藩願成寺］ JR 肥薩線と分かれ，くまがわ鉄道側に入った所

[おかどめ幸福－免田] 5月，近くの公園のツツジが満開になり，また一層車窓が華やぐ

今、ダム建設問題で揺れる川辺川《かわべがわ》との合流点で、それを特等席から見ることができる。

おかどめ幸福《こうふく》は、くま川鉄道になってからの新設駅で、ちょっと可愛らしい。**免田《めんだ》**、**多良木《たらぎ》**と駅舎が新しくなった。

終点・**湯前**から廃止された**妻《つま》線**につなげ、熊本県と宮崎県を結ぶ横断線の夢は叶わなかった。

[肥後西村] 桜の季節は一段と晴れやかに

[おかどめ幸福] なかなかの駅構えでしょ

■妻線＝佐土原－杉安間19.3キロ。1984年12月1日廃止。

［加治屋町－高見橋］甲突川を渡り超低床が接近

［朝日通－いづろ通］山形屋デパートもここの顔

鹿児《かご》島《しま》市《し》電《でん》

鹿児島市交通局

鹿児島－谷山／高見馬場－郡元
営業キロ13・1
駅数35

最南端の路面電車も桜島に見守られて元気だ。新型車も続々と投入され、ついに熊本市電同様に超低床電車も登場した。あちらがドイツ方式のライセンス生産であったのに対し、こちらは純国産車。１０００形といい、南国の太陽に負けないイエロー・ボディが強烈。全長14メートルの車体を、前後の運転室と客室部分の3分割にしているのが特徴。

軌道区間の全線センターポール化も完了しており、また一段と鹿児島市電は進化した。

JR鹿児島本線・日豊本線の終点・**鹿児島駅前**《かごしまえきまえ》から出発する。1・2の二つの系統がある電車のすべてが発着し、3本ある折り返し線はいつも賑やか。桜島フェリー乗り場へは**鹿児島駅前**、**桜島桟**《さくらじまさん》**橋通**《ばしどおり》とも距離はあまり変らない。

いづろ通《どおり》で右折すれば、鹿児島一の繁華街・**天文館通**《てんもんかんどおり》に。**高見馬**《たかみば》**場**《ば》では直進する2系統に別れを告げ、1系統の**谷山**《たにやま》行きは左折。甲《こう》突川《つきがわ》を渡れば左手、錦江湾越しに桜島が見通せる。

武之橋《たけのはし》と**交通局前**《こうつうきょくまえ》の間、右手に市電の車庫が見える。**郡元**《こおりもと》ではさっき分かれた2系統が合流。あちらはここが終点で、また来た道を折り返してゆく。

郡元の先で道路と分かれ、**涙橋**《なみだばし》から完全に専用軌道となる。右からJR指宿枕崎線が近づいてきて、乗り換えに便利な**南鹿児島駅前**《みなみかごしまえきまえ》。

終点・**谷山**《たにやま》はJRの**谷山**駅と離れている。路面電車のきめ細かな停留所が武器だったが、JRも**宇**《う》**宿**《すき》駅を新設するなど市内でライバ

[水族館口－市役所前] 鹿児島市内は道路も広くてスッキリとしている。桜島桟橋の向こうに桜島

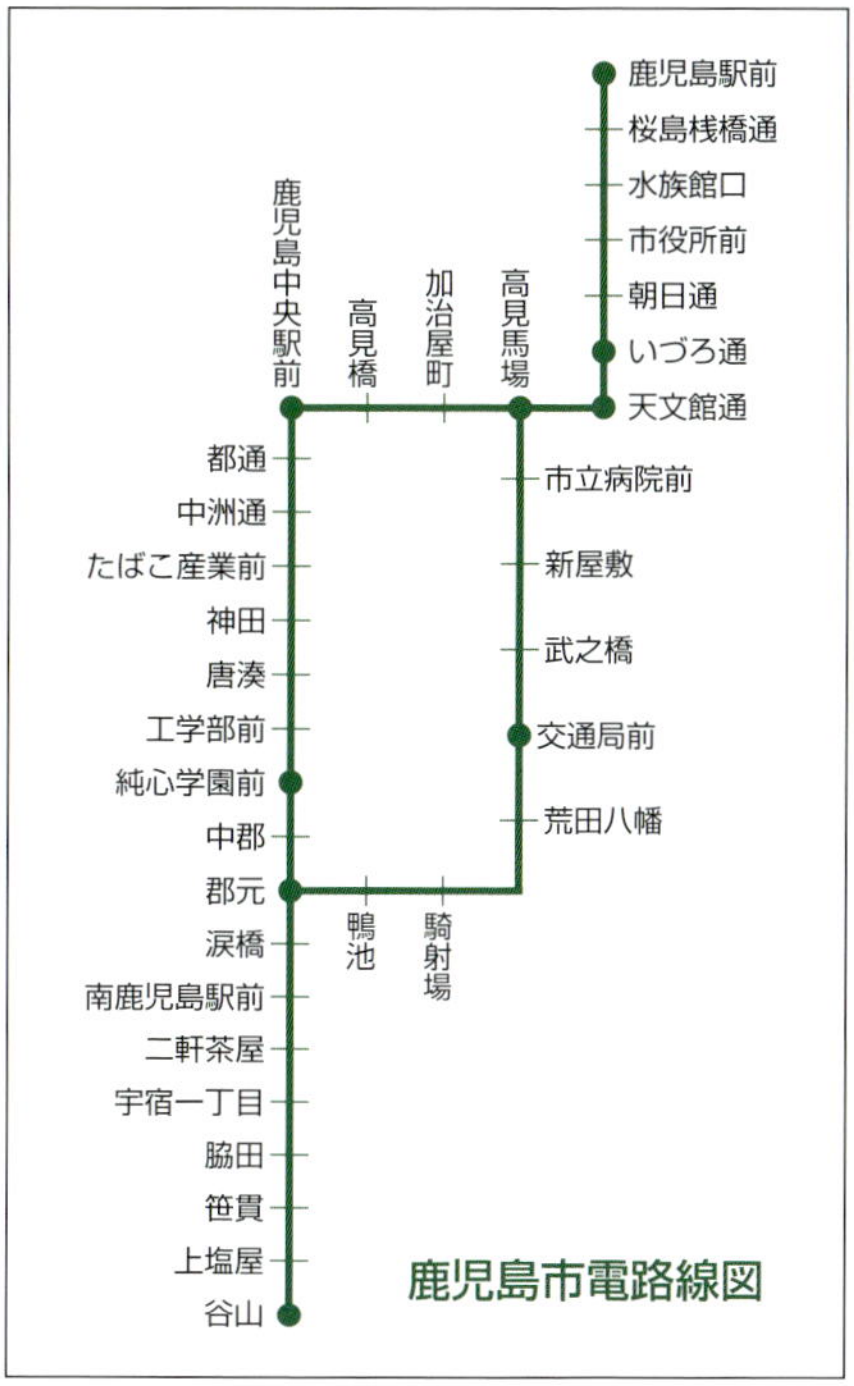

[市役所前－朝日通] 街中のコスモス花壇。花のある街はすがすがしい。

■鹿児島市電＝電車・バス１日乗車券600円。普通運賃は全区間均一制で大人160円，子供80円。

［鹿児島中央駅前］2004年，九州新幹線の開業を祝い，花電車も走る

ルが出現した。
高見馬場から直進する2系統は、かつて伊敷線が分岐していた**加治屋町**《かじやまち》に。明治維新の立役者・西郷隆盛や大久保利通らが生まれた所とか。甲突川を渡って**高見橋**《たかみばし》の次が**鹿児島中央駅前**《かごしまちゅうおうえきまえ》。

九州新幹線の開業で道路中央からJR駅側に電停が近づき、乗降が便利になった。

この先、鹿児島大学の**工学部前**《こうがくぶまえ》や**純心学園前**《じゅんしんがくえんまえ》があり、登下校時は車内が華やぐ。街路樹が多く、落ち着いた雰囲気がある。

［鹿児島中央駅前］移設された新しい区間を行く

［水族館口－市役所前］鹿児島寄りが古くから開けた市街地

▼［鹿児島駅前］鹿児島にも女性運転士

［高見馬場］楽しい広告電車が多数走る

［中郡－郡元］3車体連接車が交差点をクイッと曲がる

［鹿児島駅前］歴代電車大集合。もちろんすべて現役

[那覇空港] 沖縄の大きな青空の下，日本最西端駅を出発する。次は最南端駅の赤嶺

沖縄《おきなわ》都市《とし》モノレール【ゆいレール】

那覇空港－首里
営業キロ12・9
駅数15

那覇空港
赤嶺
小禄
奥武山公園
壺川
旭橋
県庁前
美栄橋
牧志
安里
おもろまち
古島
市立病院前
儀保
首里

全国で唯一、鉄道のなかった沖縄県。２００３年の8月10日、那覇にモノレールが誕生した。日本最南端および最西端の鉄道の開業ということになる。

沖縄の玄関口・那覇空港に降り立つと、ターミナルの一角の動く歩道の向こうに、日本最西端駅である**那覇空港**《なはくうこう》モノレール駅が待っている。

最新のモノレールは銀色で、首里城外壁の朱塗りをイメージした朱色のラインが入る流線型のスマートな2両編成。6－12分毎に出発する。

那覇空港を出発すると、右下にモノレールの車庫などを見て、まず南下。一番駅間の長い約2キロを走って次の**赤嶺**《あかみね》が、日本最南端の駅となる。ここから南部の糸満市へのバスターミナルなどが整備された。**小禄**《おろく》は近くに大型スーパーがあり、もう地元の買物客で乗降が多い。**奥武山公園**《おうのやまこうえん》を出ると漫《まん》湖《こ》から流れ出る川を渡り北上に転ずる。**壺川**《つぼがわ》前後はこの川に沿って対岸の奥武山公園の緑が美しい。

旭橋《あさひばし》、**県庁前**《けんちょうまえ》、**美栄橋**《みえばし》と那覇一の繁華街・国際通りの北側を走る。**牧志**《まきし》で国際通りを横断し、また北へ急カーブして**安里**《やすざと》に。住宅密集地を通過するだけに蛇行を繰り返す。

平仮名駅**おもろまち**付近は、那

[赤嶺] 日本最南端駅

■沖縄の鉄道＝1914（大正３）年から1944（昭和19）年まで，糸満－嘉手納間などに県営鉄道が走っていた。沖縄都市モノレール＝沖縄県や那覇市などが出資した第三セクター鉄道。

［古島－市立病院前］首里に向けてグーンと登る

［儀保－首里］首里城が車窓によぎる

［旭橋－県庁前］ビルに囲まれても緑が多い

覇市役所新都心庁舎が建つなど新しい街並みとなる。**古島**《ふるじま》を出ると今度は東へと方向を転じ、**市立病院前**《しりつびょういんまえ》へと続く急勾配を登り始める。終点・**首里**《しゅり》が那覇で一番の高台にあるので、グングンと高度を増し、眼下に街並みを見る。眺望抜群、気持ちがよい。**儀保**《ぎぼ》を出ると右手に首里城正殿が近づく。振り返れば、那覇港の海が眼下に見下ろせ、高さを実感する。モノレールの車窓に、那覇の街の意外な高低差を知る。この付近、首里城への石畳の小路《スージー》グワーや大道《ウフミチ》が残り、散策が面白そう。

モノレールの線路は**首里**の先、浦添市方面へと曲がり、行き止まりとなる。

1日乗車券（800円）は、那覇市観光に、空中遊覧の散歩にもおすすめ。

［古島－市立病院前］特等席からの眺めは抜群

▼［那覇空港］モノレールのポイント

［首里］丸味をおびた顔が可愛らしい

■ゆいレール＝沖縄では，地域で支え合いお互いに協力し助け合うことを「結いまーる」と言い，これからモノレールをみんなで支え，地域を結び，人と人を結ぶという意味から名付けられた。

流線型が最新型の証し

屋根まで透けて視界良好

帆柱《ほばしら》ケーブル

山麓ー山上
営業キロ1・1
駅数2

ケーブルカーは綱索鉄道に分類される。ケーブルカーの仕組みを簡単に説明すると、山上側に運転室があり、ここの電動モーターを動力源にして運転される。上下2両の車両は1本の綱索（ロープ）でつながれ、山上の巻揚げ機（原動滑車）で山を登り降りする。従って車両側には動力はなく、自力走行しているのではないのである。架線からパンタグラフを介して取り込む電気は照明用などのため。

　ケーブルカーは上下の駅を同時に出発する。ロープが巻き上げられ、グングン加速していく。

　帆柱ケーブルは1959年の開業だが、先頃、完全リニューアルしたばかり。スイス製でモダンな流線形の車両に変わり、標高差440メートルを約5分で登る。全面ガラス張りで屋根までも透《す》けて見え、視界が広い。眼下に北九州の市街地と洞海湾が見渡せる。

　中間点で相手方と必ずすれ違う。ロープを通す必要があり、ここのポイントは特殊な構造になっている。線路は固定にしておいて、車両側が勝手に左右に分かれてすれ

中間地点で必ずすれ違い

眺望よし。乗り心地良し

線路が一時だけ光る瞬間がある

違うようにしてある。

アレッ、そうするとどちらも勝手に進んでぶつからないかと疑問に思う。実は車輪に工夫があって、片側には両フランジ車輪と言って、線路を挟み込む出っ張りが車輪の両側にあり、これが進行方向を決める仕組み。もう一方はフランジなしで幅が広い。2両のケーブルカーにはこれが左右逆に配置され、いつも同じ側を通過するようになっている。百聞は一見にしかず。下から車輪をのぞける機会があれば確認を！

山側でさらに登り勾配がきつくなって、最大傾斜28度。若戸大橋にスペースワールドも一望。

ケーブルカー**山上**《さんじょう》駅より皿倉山頂まで**スカイラインリフト**もある。これも鉄道の仲間になる。

「100億ドルの夜景」とうたう北九州の展望を楽しめるシーズン中の夜間運行も楽しそう。花火大会の隠れたスポットで、打ち上がった花火を眼下に楽しめるとか。

こちらはスカイラインリフトでさらに上へ

阿蘇山の初冠雪（2002年11月5日）。後ろの中岳からの噴煙が青空とのコントラストよく映える

阿蘇山《あそさん》ロープウェイ

九州産業交通

阿蘇山西―火口西
営業キロ0・9
駅数2

ご存じ世界一のカルデラ阿蘇山。今なお活動を続ける中岳の噴火口のすぐそばに**火口西**《かこうにし》駅がある。登山バス終点から火口縁までの高低差108メートルを約4分で結ぶ。

また下の**阿蘇山西**《あそさんにし》の駐車場まで遊歩道が整備されているので、往きだけロープウェイを利用して、火口の噴煙を堪能した後、荒々しい山容を眺め、ゆっくりと歩いて下るのもよいかもしれない。

阿蘇山西駅そばには、火山ガスの発生で入山が規制された時や悪天候時でも中岳火口の様子が分かる阿蘇山火山博物館、「オルゴール響和国」などの施設もある。

火山ガス規制発令。全員下山中

噴煙が風に舞う阿蘇中岳

ミヤマキリシマの群落に埋め尽くされた仙酔峡

仙酔峡《せんすいきょう》ロープウェイ

東阿蘇観光開発

仙酔峡—火口東
営業キロ1・5
駅数2

同じく阿蘇中岳火口へ東側から登るルート。こちらは9分の空中散歩で山頂へ。

麓の仙酔峡《せんすいきょう》は峡谷一帯にミヤマキリシマの群落があり、5月の開花期には赤やピンクの色一色に染まる。この時期は大勢の人がやって来て混雑するので、下界の宮地《みやじ》からシャトルバス連絡となる。

阿蘇五岳の最高峰・高岳に、ギザギザ頭が特徴の根子岳《ねこだけ》など阿蘇の雄大な風景が一望される。眼下には火口原の阿蘇や一の宮の町並が。はるか外輪山の向こうにはくじゅう連山の山並まで見通せる。

火口西へは有料道路があるので車で行くこともできるが，こちら火口東へはロープウェイで行くのみ

仙酔峡駅を出発，空中遊覧の旅へ

長崎の市街地が眼下に広がる。高度が上がるにつれ視界が開け，5分間のミニ・トリップ

長《なが》崎《さき》ロープウェイ

(財)長崎ロープウェイ・水族館

淵神社―稲佐山
営業キロ1・1
駅数2

長崎と言えば異国情緒と長崎港に1000万ドルとうたう夜景。これを堪能できるのが長崎ロープウェイ。12－2月でも午後9時まで、これ以外のシーズンは午後10時まで営業している。所要5分のメルヘンの旅。

稲佐山《いなさやま》は標高333メートルと決して高くはないが、長崎中心街から長崎港を挟んで西側にあり、そのパノラマの眺望は抜群。港を行きかう大型船や坂の上に密集する市街地が手にとるように見える。JR長崎駅が見える。あの辺りはグラバー園かな?

稲佐山にはもう一つ、1990年誕生の新しいゴンドラ・タイプの**スカイウェイ**が駐車場のある中腹と山頂を結んで運転される。こちらは所要3分のミニ・トリップ。

山の稜線に見えるのがスカイウェイ

一瞬のすれ違いでつい手を振り合ってしまう

ミヤマキリシマの開花は５月上旬から。ロープウェイで妙見岳に登れば，四方大展望

雲仙《うんぜん》ロープウェイ

仁田峠ー妙見岳
営業キロ０・５
駅数２

雲仙ロープウェイは、日本の国立公園内に最初に完成したロープウェイで、１９５６年開業。

こちらもミヤマキリシマが咲き誇る**仁田峠**《にたとうげ》から出発。秋の紅葉に冬の霧氷も有名。

そして、雲仙普賢岳の噴火で出現した溶岩ドーム・平成新山を真近に見られるのもここの特徴。

眼下には、東に島原湾、西に橘《たちばな》湾の展望。遠くはくじゅう、阿蘇、霧島連山まで望める、３６０度の大パノラマを誇る。

仁田峠駅出発進行。右手に平成新山

九州のロープウェイで一番長い距離。たった10分で季節が変わる。山上ハイキングもできる

別府《べっぷ》ロープウェイ

近鉄・別府ロープウェイ

別府高原―鶴見山頂
営業キロ1・8
駅数2

鶴見山頂《つるみさんちょう》駅の標高は1296メートル。麓の**別府高原**《べっぷこうげん》駅は503メートル。高低差793メートルを一気に10分で登る。鶴見岳からの眺望はすごい。別府温泉街から別府湾、おサルさんの高崎山の向こうに大分の市街地。国東半島に遠く四国までも。反対側には由布岳山頂が肩を並べる。

下界は雨だったのに、山頂は雪。山上広場のジャンボ温度計はマイナス4度を指していた。うつぎ原生林の樹氷が美しい。

5月下旬のミヤマキリシマの大群落も見事。夏は約10分で北海道の涼しさを体感できる別天地になるという。

東を向いた地形なので、元旦は午前3時から運行する初日の出、初詣運転も特色となっている。

大迫力の景色だったでしょ

こうやって初日の出を見るのも悪くない

遊園地への足は日本最短のケーブルカー。こちら「ライト」号

ワンダーラクテンチケーブル

岡本製作所

雲泉寺（ラクテンチ下）―乙原（ラクテンチ上）
営業キロ0・3／駅数2

もともとの開業は1929年で、6年の営業休止があるが歴史はなかなかのものだ。正確な路線長253メートルは日本のケーブルカーで最短。そこを最急勾配559パーミルとかなりの坂を登ってゆくので、距離は短いが、別府の街がグングン足下に下がってゆく。

もう一つ特徴がある。距離が短いのに大人・子供とも1000円と割高なこと。これは、上にあるワンダーラクテンチという遊園地に行くためだけに建設されたので、その入園料も含んでいるため。

日本一ゆっくりの時速4・8キロで、2両のケーブルカーが3分かけて登り降りしている。

こちら「スター」号

■水曜運休（祝日と春・夏休みは運転）。2月19日－3月11日も運休。559パーミル＝水平に1000メートル進む間，559メートルも垂直に登ること。粘着普通鉄道では大体33.3パーミルが限界。

[羅漢寺リフト]（羅漢寺観光）禅海寺－羅漢寺－鶴の国の３駅がある

リフト（特殊索道《とくしゅさくどう》）「鉄道」ってな〜に？

最後にやや難しくなりますが、「鉄道」と聞くと何を連想しますか。JR九州の各路線？　西鉄電車？　特急列車に、美しい景色の中を走るローカル線？　レールの上を走る物はみんな鉄道ですよね。

ところが、モノレールにケーブルカー、ロープウェイ、スキー場や遊園地で見かけるリフトまで鉄道ということになっています。九州にはありませんが、トロリーバスやガイドウェイバスまで。

「鉄道」の定義を要約すると、「A地点からB地点までを不特定多数の人、モノを運ぶ装置」となる。すると、リフトも特殊索道という立派な鉄道の仲間ということになり、九州には26カ所あります。

同じ遊園地でも園内を1周する豆汽車やジェットコースターや観覧車は、出発地に戻ってくるというので、鉄道じゃない。実にややこしいですね。

先に紹介したロープウェイは「普通索道」となります。

羅漢寺へは中間駅で途中下車

禅海寺－羅漢寺間だけの利用も可

■取材協力

九州旅客鉄道株式会社
西日本鉄道株式会社
九州鉄道協会
九州鋼索交通協会
日本鉄道建設公団
九州鉄道記念館
株式会社沖縄都市モノレール
この他，九州の鉄道各社

■参考文献・資料

『鉄輪の轟き　九州の鉄道100年記念誌』（九州旅客鉄道）
『21世紀への飛躍　にしてつこの10年』（西日本鉄道）
『JR 全線全駅』（弘済出版社）
『全線全駅鉄道の旅 10　九州2500キロ』，同『別巻 2　福岡の私鉄』（小学館）
『年鑑 日本の鉄道』（鉄道ジャーナル社）各年号
『鉄道ダイヤ情報』（交通新聞社）他，鉄道情報誌各月号
『九州の鉄道』宇都宮照信著（葦書房）
『九州鉄道の記憶』（西日本新聞社）
『JR 時刻表』（交通新聞社）2005 年 3 月号他
「毎日新聞」他新聞各紙
鉄道各社のホーム・ページ

■鉄道各社問い合わせ先（電話）

JR九州案内センター	小　倉	093 (551) 7711
	博　多	092 (471) 8111
	長　崎	095 (826) 4336
	大　分	097 (537) 7001
	熊　本	096 (211) 2406
	鹿児島	099 (256) 1585
	宮　崎	0985 (23) 3450
西日本鉄道	テレホン・センター福岡	092 (733) 3333
	テレホン・センター久留米	0942 (33) 2231
北九州都市モノレール（北九州高速鉄道）		093 (961) 0103
筑豊電気鉄道		093 (619) 3077
平成筑豊鉄道		0947 (22) 1000
福岡地下鉄（福岡市交通局）		092 (845) 7800
甘木鉄道		0946 (23) 1111
松浦鉄道		0956 (25) 3900
長崎市電（長崎電気軌道）		095 (845) 4111
島原鉄道		0957 (62) 2231
熊本市電（熊本市交通局）		096 (361) 5211
熊本電気鉄道		096 (343) 2552
南阿蘇鉄道		0967 (62) 0058
高千穂鉄道		0982 (72) 5033
くま川鉄道		0966 (23) 5011
肥薩おれんじ鉄道		0965 (32) 5678
鹿児島市電（鹿児島市交通局）		099 (257) 2111
沖縄都市モノレール		098 (859) 2630
帆柱ケーブル		093 (671) 4761
阿蘇山ロープウェイ（九州産業交通）		0967 (34) 0411
仙酔峡ロープウェイ（東阿蘇観光開発）		0967 (22) 4187
長崎ロープウェイ（(財)長崎ロープウェイ・水族館）		095 (861) 6321
雲仙ロープウェイ		0957 (73) 3572
別府ロープウェイ（近鉄・別府ロープウェイ）		0977 (22) 2278
ワンダーラクテンチケーブル		0977 (22) 1301

＊『ＪＲ時刻表』2005年３月号掲載分から抜粋

栗原隆司（くりはら・たかし）1952年，福岡県に生まれる。1970年，処女作「ドン急修学旅行列車東へ」を発表。1972年，東京写真大学（現・東京工芸大学）入学。1980−81年，真島満秀写真事務所在籍。以後，フリー・カメラマンとなる（旅ぐらふぁー）。1987年，日本鉄道写真作家協会加入。1993年，東京を離れ郷里福岡へ戻る。現在，福岡県太宰府市在住。主な著書に，『日本縦断写真集　鉄道のある風景』，『九州・花の旅』（以上，海鳥社），『JR 特急』，『飛行機』（以上，講談社），『九州花の名所12カ月』，『九州小さな町・小さな旅』（以上，山と渓谷社），『栗原写真館　鉄路叙情編』（交通新聞社），『筑豊の SL』，『九州 SL 紀行』（以上，ないねん出版）他。

九州《きゅうしゅう》・鉄道《てつどう》の旅《たび》

カラー版・全路線ガイド

■

2003年10月14日第 1 版発行

2005年 4 月20日第 2 版発行

■

著者　栗原隆司

発行者　西　俊明

発行所　有限会社海鳥社

〒810-0074 福岡市中央区大手門 3 丁目 6 番13号

電話 092(771)0132　FAX 092(771)2546

http://www.kaichosha-f.co.jp

印刷・製本　瞬報社写真印刷株式会社

ISBN 4-87415-458-1

[定価は表紙カバーに表示]